Padre Marcelo Rossi

Batismo no Espírito

Saúde mental

Planeta

Copyright © Marcelo Rossi, 2025
Copyright © Editora Planeta do Brasil, 2025
Todos os direitos reservados.

Organização de conteúdo: Luiz Cesar Pimentel
Preparação: Wélida Muniz
Revisão: Fernanda Guerriero Antunes e Ana Laura Valerio
Projeto gráfico e diagramação: Gisele Baptista de Oliveira
Capa: Fabio Oliveira
Fotografia de capa: Martin Gurfein

DADOS INTERNACIONAIS DE CATALOGAÇÃO NA PUBLICAÇÃO (CIP)
ANGÉLICA ILACQUA CRB-8/7057

Rossi, Marcelo
  Batismo no Espírito Santo (saúde mental) / Marcelo Rossi. - São Paulo : Planeta do Brasil, 2025.
  160 p.

  ISBN: 978-85-422-3227-1

  1. Saúde mental 2. Espiritualidade 3. Cristianismo I. Título

  25-0678   CDD 200.19

Índices para catálogo sistemático:
1. Saúde mental

Ao escolher este livro, você está apoiando o manejo responsável das florestas do mundo e outras fontes controladas

2025
Todos os direitos desta edição reservados à
Editora Planeta do Brasil Ltda.
Rua Bela Cintra, 986, 4º andar – Consolação
São Paulo – SP – 01415-002
www.planetadelivros.com.br
faleconosco@editoraplaneta.com.br

Entrego este livro a:

_____,

um guia espiritual
para alcançar a saúde mental.

A fé cristã sempre foi uma luz em tempos de escuridão, uma fonte de esperança para aqueles que enfrentam os desafios da vida. O padre Marcelo Rossi, um dos mais influentes evangelizadores do Brasil e do mundo, tem dedicado sua vida a propagar essa luz, conduzindo multidões a uma experiência transformadora com Deus. Como sacerdote, escritor e comunicador, ele se tornou uma referência de espiritualidade e um porta-voz da mensagem de amor, cura e libertação do Evangelho.

Padre Marcelo é um verdadeiro pastor moderno, que entende profundamente os desafios enfrentados pelo homem e pela mulher do nosso tempo. Suas missas reúnem milhares de fiéis, suas transmissões pela televisão e rádio alcançam lares em todas as partes, e suas palavras, publicações nas redes sociais, tocam milhões de corações em busca de paz e orientação. Ele não é apenas um sacerdote, mas um amigo espiritual, um guia para aqueles que se sentem perdidos em meio ao turbilhão de emoções que a vida moderna impõe.

O livro Batismo no Espírito vem em um momento crucial da história humana, em que a saúde mental é um dos maiores desafios enfrentados pela sociedade. Nunca foi tão necessário falar de ansiedade, depressão, angústia, mágoa e ressentimento, questões que silenciosamente afligem milhões de pessoas ao redor do mundo. Padre Marcelo, com sua sabedoria espiritual e profundo conhecimento da condição humana, nos convida a um mergulho no Espírito Santo, como caminho de libertação e cura.

Dividido em capítulos que abordam questões práticas e espirituais, como o medo, a ansiedade, o mau pensamento e até a depressão, o livro oferece uma visão única e consoladora. Não se trata apenas de identificar os problemas, mas de encontrar soluções reais, arraigadas na fé e na ação do Espírito Santo. O capítulo final, que aborda o Batismo no Espírito Santo, apresenta uma experiência transformadora, capaz de trazer paz e renovação interior.

Padre Marcelo nos ensina que a fé é a ponte entre o sofrimento humano e a graça divina. Este livro não é apenas uma obra de reflexão, mas também uma fonte de esperança, um guia prático para quem busca libertar-se das amarras emocionais e espirituais que impedem a verdadeira alegria e plenitude.

Que este livro seja uma bênção para todos que o lerem. Que ele inspire, fortaleça e transforme vidas, assim como o ministério do padre Marcelo Rossi tem feito ao longo dos anos. Que você, caro leitor, cara leitora, encontre nestas páginas o alívio para suas dores e a chama renovadora do Espírito Santo, que pode trazer a paz e a saúde mental que tanto almeja.

Boa leitura!

Com gratidão ao padre Marcelo Rossi, que me honra com sua amizade,

Dráusio Barreto

Sumário

8 Introdução

18 Capítulo 1
Seminário na vida no Espírito Santo

26 Capítulo 2
Medo

44 Capítulo 3
Ansiedade

58 Capítulo 4
Mau pensamento

76 Capítulo 5
Angústia

88 Capítulo 6
Inveja

100 Capítulo 7
Mágoa, ressentimento, raiva

114 Capítulo 8
Depressão

128 Capítulo final
Batismo no Espírito Santo

140 Homenagem a meu pai, Antônio Roberto Rossi

142 Notas

Introdução

Vivemos tempos difíceis. Tão difíceis que somos bombardeados diariamente por uma quantidade impossível de informações para qualquer ser humano processar. Chegamos ao ponto de ter criado um mundo inapropriado em que vivermos; e, como vivenciamos isso diariamente, nossas decisões são afetadas por esse fato. Por isso, é primordial que nossas emoções estejam controladas pelo Espírito Santo – somente assim teremos paz, serenidade e calma para decidir o que é certo no meio do furacão diário.

Mas percebo, pelo aumento do número de pedidos de ajuda que recebo, que a ansiedade vem crescendo, que o medo vem dominando os pensamentos, e que a angústia, a tristeza, o pessimismo e uma grande quantidade de emoções negativas passaram a fazer parte dos pensamentos de muitos de nós.

Esse tem sido um assunto presente em minhas rezas, porque, na minha rotina, quando me exponho muito a certos tipos de notícia, sinto que a angústia e a ansiedade vêm me visitar, e Deus foi me mostrando a importância da Prudência, do Discernimento e da Sabedoria (PDS) ao escolher no que investir o meu tempo. Nas Sagradas Escrituras, temos ensinamentos e sabedoria para administrar nossas emoções e preencher a mente com a Palavra de Deus. Jesus disse: "O céu e a terra passarão, mas as minhas palavras não passarão" (São Mateus 24,35).[1]

Quando participava de um grupo de oração durante os anos 1980, um livro muito lido entre os fiéis tinha o título: *O temperamento controlado pelo Espírito Santo*.[2] Nele, o autor cristão ensinava como os quatro tipos de temperamento (fleumático, colérico, melancólico e sanguíneo) podiam mudar por meio do batismo no Espírito Santo.

Eu creio, e vejo isso também em nossas emoções e pensamentos, que, quando somos controlados pelo Espírito Santo e nos enchemos dele, nossas emoções e pensamentos mudam por completo, e um dos principais sinais de que uma pessoa é cheia do Espírito Santo é seu amor pela Palavra de Deus.

A Palavra de Deus é alimento verdadeiro para mudar o jeito como pensamos – quando lemos a Bíblia, aprendemos como as emoções controlavam homens e mulheres do Livro Sagrado. A maioria que se deixou ser tocada por Deus foi transformada. Como exemplo, temos Elias, que, após ser poderosamente usado por Deus contra os sacerdotes de Baal, depois que a rainha Jezabel disse que o mataria, foi dominado pelo medo, fugiu e depois apresentou uma espécie de depressão. Mas Deus foi visitá-lo, Elias fez o que o Senhor pediu, e ele voltou a ter suas emoções controladas por Deus.

Em São Tiago 1,5, ele diz: "Se alguém de vós necessita de sabedoria, peça-a a Deus – que a todos dá liberalmente, com simplicidade e sem recriminação – e lhe será dada".[3] Precisamos pedir a sabedoria de Deus para aprendermos a lidar com nossas emoções e termos saúde mental, porque com ela podemos ter uma vida equilibrada, feliz.

Eu, como formado em Educação Física, sei o bem que o exercício faz para uma boa saúde física e mental. Mas, como sacerdote, vejo no meu dia a dia o bem que as Escrituras, quando lidas e colocadas em prática, trazem à vida de todos: elas mudam pensamentos e formam o bom humor, o que consequentemente melhora a saúde física também.

Em Provérbios 4,23, é dito: "Tenha cuidado com o que você pensa, pois a sua vida é dirigida pelos seus pensamentos".[4] Como este versículo é verdadeiro! Quando pensamos coisas ruins, como *Eu não presto para nada* ou *Nada dá certo para mim*, acabamos acreditando nisso. Isso acontece porque os pensamentos negativos e a baixa autoestima fazem a gente se transformar no que pensa ser. Mas quando começamos a administrar os pensamentos, substituindo estes maus por outros verdadeiros e bons, nossa visão muda. É como ver o mundo em branco e preto, porque se está usando óculos escuros, e retirar essas lentes e enxergá-lo como é de verdade: colorido.

É exatamente isso que a Palavra de Deus faz em nossa mente, quando preenchemos nossos pensamentos com a verdade. Em São João 8,31-32, temos: "E Jesus dizia aos judeus que nele creram: 'Se permanecerdes na minha palavra, sereis meus verdadeiros discípulos, conhecereis a verdade e a verdade vos livrará'".⁵ Muitos usam errado este versículo. Dizem: "Conhecereis a verdade e sereis libertos", mas um alcoólatra pode saber que bebe, ter problema com álcool e nunca se libertar. O que liberta está no versículo anterior: "Se permanecerdes na minha Palavra", ou, em outras traduções, conhecer, obedecer, significa que quando você lê e obedece a Palavra de Deus, recebe a libertação.

O que te faz uma pessoa nova e livre é a Palavra de Deus. Por isso, neste livro vamos juntos pedir que Deus nos ensine a lidar com nossas emoções e sentimentos, para que sob o poder da Palavra do Senhor nos transformemos em novas pessoas e tenhamos saúde mental e uma vida plena.

De acordo com a Organização Mundial de Saúde (OMS), "a saúde mental pode ser considerada um estado de bem-estar vivido pelo indivíduo, que possibilita o desenvolvimento de suas habilidades pessoais para responder aos desafios da vida e contribuir com a comunidade".⁶ E, assim, refletindo sobre essa definição, só podemos desenvolver boas habilidades pessoais e vencer os desafios e dificuldades que todos enfrentamos com o auxílio do poder de Deus em nossa vida. Por isso, quando rezamos e lemos a Palavra de Deus, nós nos desenvolvemos e ficamos mais fortes, munidos com o necessário para enfrentarmos as situações do dia a dia.

Nos Estados Unidos, uma pesquisa científica do Centro de Engajamento da Bíblia (CBE) foi feita durante quatro anos, com mais de 40 mil entrevistados.[7] E o resultado mostra que o contato da pessoa com a Bíblia uma vez por semana – por exemplo, na igreja aos domingos – apresentou um efeito insignificante. Quando a pessoa lê a Bíblia três vezes por semana, um leve reflexo acontece na vida dela. Mas o que os surpreendeu foi que, quando a pessoa afirmou ler a Bíblia quatro ou mais vezes por semana, ela teve menos chance de se envolver com o pecado.

Olha o resultado que eles mostraram: o sentimento de solidão cai 30%, os problemas de manifestação de raiva caem 32%, amarguras em relacionamentos (com amigos, casamento etc.) caem 40%. Outro dado é que os leitores mais assíduos têm 57% menos chance de problemas com álcool, 68% menos possibilidade de sexo fora do casamento, 61% menos chance de se envolver com pornografia e 74% menos chances de se envolver com jogos de azar. Outro dado que impressiona é que o aumento do discipulado sobe para 230%, enquanto o sentimento de estagnação caiu 60%. Esses números somente comprovam o poder da Palavra de Deus em nossa vida e como a leitura da Bíblia influencia nossos comportamentos, emoções e nos ajudam a ter saúde mental.

Quem me acompanha no momento de fé me escuta, tem a chance de comprovar o que neurologistas e psiquiatras e psicólogos vêm falando sobre o poder da oração na mente de uma pessoa, principalmente no lobo frontal. Usaram até ressonância magnética para medir e ver o que a oração faz na mente de uma pessoa.[8] Até o tamanho dessa região cerebral cresce após a oração. E é isto que faremos neste livro: tentar ver algumas emoções e rezar e submetê-las ao senhorio de Jesus. E, à luz da Palavra de Deus, vamos tentar compreender o que podemos fazer para substituir as emoções negativas por emoções positivas, e resgatar a cura interior em nossas emoções. Amorizando nossas emoções, teremos a saúde mental que tanto queremos e de que precisamos.

Antes de falar sobre a saúde mental, quem me acompanha pela rádio escuta que falo muito sobre ser batizado no Espírito Santo, que não se trata de um novo batismo (sacramento).

Mas isso vou explicar melhor no primeiro capítulo, porque creio que, quando temos este encontro pessoal com Jesus por meio do batismo no Espírito Santo, nossa vida muda e nossas emoções também.

Agora, convido você, leitor ou leitora, a me acompanhar em uma oração:

> Jesus, eu te consagro a minha saúde mental, vem caminhar comigo nestas emoções que me paralisam, vem me fazer ter uma nova visão, novos pensamentos, uma nova fase na minha vida. Submeto todo o meu ser, pensar, meu físico, emocional, espiritual, psicológico ao senhorio de Jesus. Que, através destas meditações e orações, eu entenda o poder da oração e da leitura da Bíblia, e que eu tenha um novo estilo de vida para a tua Glória, um estilo de vida que o Senhor sonhou para mim, com pensamentos bons. Que meus pensamentos sejam transformados pelo Poder do teu Santo Espírito em mim. E serei uma nova pessoa. Eu aceito o senhorio de Jesus em minha vida, nos meus pensamentos, nos meus sentimentos.
>
> Amém.
>
> Jesus, eu te amo.
> Jesus, eu confio em Vós!
> A alegria do Senhor é a nossa força.
> Maria passa à frente e pisa na cabeça da serpente.
> Muito obrigado, Jesus.

Capítulo 1

Seminário na vida no Espírito Santo

Vou contar um pouco da história da minha família com a Igreja. Meus pais eram católicos, mas o encontro que transformou a vida deles aconteceu em uma reunião de casais chamada Decolores. Lá, eles tiveram uma experiência única com Jesus, e logo em 1971 conheceram, por meio de um amigo, o seu Cesena, a Renovação Carismática Católica. Eu tinha 4 anos à época.

Desde então, a vida dos meus pais nunca mais foi a mesma. Lembro-me bem de que quando pequeno nós frequentávamos muito a creche da irmã Josefina, na região de Santana, que ficava perto da Igreja Salette. Foi lá que, mesmo sem total compreensão, fizemos o seminário de vida no Espírito. Durante sete semanas, em que cada uma tinha palestra sobre um tema, somente no último dia os organizadores do seminário, junto a um padre, impunham as mãos sobre nós e pediam um rebatismo no Espírito Santo.

Hoje, eu posso dizer que não é um novo batismo, já que recebemos no sacramento batismal o Espírito Santo, que é confirmado no dia da Crisma. Mas posso fazer uma comparação que é você se deixar possuir pelo Espírito Santo – assim como uma mangueira ligada à torneira pode estar obstruída, ela tem como fonte a água, porém, por alguma razão, ela não jorra o líquido, da mesma forma acontece conosco: podemos ter o Espírito Santo pelo sacramento, mas nem sempre ele age em nós. Somente quando permitimos que o Espírito Santo nos possua, tudo flui, e se realiza uma total mudança em nossas vidas.

Minha família, ao longo dos anos, participou de outros seminários, até um que mamãe coordenou quando tomava conta de um grupo de oração na Igreja de Santana. Entre eles, houve um em especial que me marcou antes de entrar para ser sacerdote. Fiquei o último ano da faculdade de Educação Física estudando para me formar, a pedido do meu pai, que não queria que eu entrasse no seminário sem ter terminado a faculdade, e naquele ano fiz um seminário de vida no Espírito. Se não me engano, foi na Igreja de Santa Inês, na região de Santana.

Tratava-se de um seminário voltado para jovens, e as palestras eram as seguintes: a primeira semana tinha como tema **Amor de Deus** (por meio da Palavra de Deus, mostrava, principalmente utilizando o livro de Isaías, que somos preciosos para o Senhor, e que Ele nos ama com amor eterno). A segunda semana falava do **Perdão de Deus** e de como temos que perdoar os que nos feriram. Na terceira semana, **A salvação que Deus operou através de Jesus em nossas vidas**. E, na quarta semana, o tema era **A vida de oração**, porque é impossível ser íntimo de Jesus sem ter uma vida de preces diárias. A quinta semana teve como tema **Os dons do Espírito Santo**, em que, utilizando passagens bíblicas, principalmente a primeira carta aos Coríntios, ensinaram os dons que recebemos quando somos cheios do Espírito Santo. Na sexta semana, o tema partilhado foi **A vida em comunidade**, mostrando que em Atos dos Apóstolos, capítulos 2 e 4, os fiéis viviam em comunidade porque o Espírito Santo nos une, e também abordaram a importância dos irmãos em nossas vidas. Na sétima e última semana, os organizadores **rezaram sobre os participantes pedindo um novo derramamento de Pentecostes**.

Se virmos na Bíblia, os discípulos eram batizados antes do evento de Pentecostes, ou seja, eles já tinham o sacramento quando foram revestidos do poder do alto. Era como uma renovação da vida espiritual e das emoções. Os discípulos, que antes se escondiam por medo de serem presos, começaram a pregar e anunciar o reino de Deus, com coragem. E é isto que acontece quando somos batizados no Espírito Santo: nossa vida de oração muda completamente, temos sede de Deus, sede de sua Palavra, sede da Eucaristia, sede de vivermos para as coisas do céu, e nossas emoções são equilibradas.

Como me referi ao livro dos temperamentos na introdução, quero deixar o nome deste para consulta, se interessar: o título é *Temperamento controlado pelo Espírito Santo*. O autor, Tim LaHaye, que também era psicólogo e pastor, afirma que depois que a pessoa recebe o batismo no Espírito Santo até o temperamento dela muda, as fraquezas das emoções que nos guiam saem, e a força do temperamento cresce, assim como acontece com a saúde mental.

Por isso vamos terminar este livro pedindo o batismo no Espírito Santo para Deus, assim como termina o seminário. Ele não impõe limites em lugares físicos, Deus é Deus, e Ele tem o poder de te batizar durante a leitura deste livro se esta for a vontade Dele. Mas, como já existem muitos livros com a temática do seminário, senti no meu coração que meu intuito é a saúde mental – fazer capítulos sobre temas que nos acometem e ir pedindo ao final de cada capítulo esse batismo, com maior força no capítulo final. Como dizia nosso amado e saudoso Padre Jonas, "para enfrentarmos os obstáculos e tribulações que nos advêm nestes tempos, somente pelo poder do Espírito Santo e na Palavra de Deus". Por isso, vamos trilhar este caminho, unindo o poder da Palavra e do Espírito Santo.

> **Em Isaías 59,21: "Eis minha aliança com eles, diz o Senhor: 'Meu espírito que sobre ti repousa, e minhas palavras que coloquei em tua boca não deixarão teus lábios nem os de teus filhos, nem os de seus descendentes, diz o Senhor, desde agora e para sempre'".[9]**

Esta união do Espírito e da Palavra de Deus nunca pode nos deixar, porque assim estaremos no caminho certo.

Convido você, leitor ou leitora, a fazer uma oração junto comigo:

Senhor Jesus, venho neste momento, crendo que o Senhor me amas com amor eterno, que perdoaste todos os meus pecados e já não te lembras deles, e que toda vez que me confesso novamente sou lavado e perdoado totalmente e me torno branco como a neve. Também creio na Salvação que Tu me deste, e te aceito como o único Senhor e Salvador da minha vida, Jesus, não há outro Senhor a não ser o Senhor, Jesus. Creio na importância dos dons do Espírito Santo, o dom do conselho, da ciência, da sabedoria, do entendimento (discernimento), da fortaleza, da piedade e do temor de Deus (que não é medo de Deus, mas respeito). E creio na importância de viver em comunidade, alguns vivendo totalmente em comunidade de vida, mas a maioria vivendo na comunidade de suas paróquias, ajudando o seu pároco. Vem, Jesus, vai preparando o meu coração para esta experiência pessoal contigo, que eu possa ter esse rebatismo, esse reavivar do Espírito Santo em minha vida de uma maneira poderosa. Eu me abro ao teu querer, eu me abro à tua vontade na minha vida, para que eu seja possuído pelo Espírito Santo de uma forma irrevogável, e toda a minha vida pessoal, emocional, psicológica e espiritual se transforme, e eu possa me assemelhar a ti, que como diz em Gálatas 2,20: "Já não sou eu quem vive, mas Cristo é quem vive em mim".[10] Para isso, porém, eu tenho que ser possuído pelo Espírito Santo. Que eu não viva mais para o carnal, para este mundo, mas para as coisas do Alto, para as coisas espirituais. Eu peço tudo isso em teu nome, Jesus.

Amém.

E eu, padre Marcelo Rossi, como sacerdote, abençoo este compromisso que você está fazendo com Deus, de se preparar para, até o fim do livro, seu coração estar pronto para este rebatismo no Espírito Santo, este mergulhar nessa piscina da misericórdia de Deus.
Em nome do Pai, do Filho e do Espírito Santo.
Amém.

Capítulo 2

Medo

No dicionário Priberam,¹¹ *medo* tem os seguintes significados:

1. Estado emocional resultante da consciência de perigo ou de ameaça, reais, hipotéticos ou imaginários. = FOBIA, PAVOR, TERROR;
2. Ausência de coragem (ex.: medo de atravessar a ponte). = RECEIO, TEMOR;
3. Preocupação com determinado fato ou com determinada possibilidade (ex.: tenho medo de me atrasar). = APREENSÃO, RECEIO.

O medo é uma das emoções mais presentes na vida de alguém. Existe o medo normal, que até ajuda uma pessoa a ter segurança e estar alerta no que faz, com mais atenção. Por exemplo:

o medo de bater o carro faz com que você dirija com mais cuidado e atenção, respeitando a sinalização e andando no limite proposto. Agora, o medo que sai do normal nos paralisa e retira nossa paz interior e mental, e esse temos que combater.

Estudiosos da Bíblia contaram no Livro Sagrado 365 vezes a expressão "Não tenhais medo". Eu já li algumas vezes a Palavra de Deus, mas nunca contei, porém posso te garantir que em vários de seus capítulos há a ordem de Deus para não termos medo. Deus nos fez para não temermos coisas, nem pessoas, nem o mal, porque Ele venceu o mal quando morreu na cruz.

Existem diferentes medos que nos aprisionam: o medo do futuro (do desconhecido), o medo a respeito do que as pessoas pensam da gente, o medo de perder o emprego, o medo de não sermos aceitos, o medo do fracasso, o medo de perdermos a nossa família, o medo de animais, o medo da morte, o medo de ficar doente, o medo do escuro, o medo de falar em público, o medo de avião... Eu poderia passar o dia citando os medos que nos acometem; são diversos e têm o efeito de nos atemorizar e retirar a nossa paz.

Conversando com um amigo psiquiatra, ele me disse que 85% dos medos das pessoas nunca se concretizam de fato, que estão somente nos pensamentos delas, e, muitas vezes, tiram o sono, a paz e a serenidade delas.

Na Bíblia, vemos alguns personagens que tiveram medo. Teria muitos para destacar, mas vou citar alguns.

* **Abraão**: Conhecido como um homem de fé. Deus falou com Abraão, e ele abandonou sua terra natal, partindo somente pela crença no que Deus lhe disse, indo parar em uma terra desconhecida, confiando na promessa divina. Deixou a fé politeísta, isto é, de muitos deuses, de seus antepassados, para confiar em um só Deus. Mesmo em uma história tão cheia de fé, em dois episódios há relatos de que Abraão teve medo de ser morto pelo povo do Egito e por outro povo, e pediu que sua esposa dissesse que era sua irmã, assim ele não morreria.[12] Neste momento, Abraão, por um instante, esqueceu de confiar em Deus, e resolveu agir por vontade própria, para sua segurança. Ele esqueceu que sua segurança era Deus. Quantas vezes Deus já fez tantas coisas em nossa vida? Podemos até

nos considerar pessoas de fé, mas, se passamos por momentos difíceis, podemos perder o nosso foco em Jesus, e tomarmos decisões baseadas no medo. Como aconteceu com Abraão, mesmo ele sendo conhecido como um homem de fé, ele mentiu, assim como nós mentimos, ou fazemos outras coisas erradas porque o medo nos dominou.

* **Isaque (filho de Abraão)**: Deus disse a ele, em Gênesis 26,2-3, "O Senhor apareceu-lhe e disse-lhe: 'Não desças ao Egito; fica na terra que eu te indico. Habita nela; eu estou contigo e te abençoarei, porque é a ti e à tua posteridade que darei toda esta terra, e cumprirei o juramento que fiz ao teu pai Abraão'".[13] Deus mostrou o que Ele queria de Isaque, mostrou que cuidaria dele, e ele permaneceu em Gerara, mas acabou, por medo, dizendo também que sua esposa era sua irmã, para não morrer. Novamente, o medo o faz perder o foco em Deus, que prometeu cuidar dele, para agir por impulso. Como se ele mesmo pudesse salvar a própria vida. Temos que ver isso com reflexo em nossa vida, pois a Bíblia é um espelho. Quantas vezes tomamos atitudes por medo,

mesmo sabendo que Deus prometeu tomar conta de nós? Mas queremos dar o nosso jeitinho, como se pudéssemos manter controle total sobre a nossa vida. Quem nos dá a vida é Deus, tudo o que acontece é por permissão divina, "porque Deus tira do mal coisas boas para aqueles que creem Nele" (Gênesis 50,19).

* **Jacó (quem posteriormente Deus mudou o nome para Israel)**: teve medo do sogro, que ameaçava tirar suas posses e família, e fugiu com todas as pessoas e os seus pertences. Depois teve medo do seu irmão Esaú, que ameaçava matar a ele e aos próximos, e tentou comprar o irmão com presentes, sendo que Deus já tinha avisado de sua proteção. Mas Jacó também perdeu o foco em Deus. Isto é que é lindo na Bíblia: em nenhum momento, Deus tenta florear ou esconder os defeitos dos seus filhos amados. A Bíblia mostra os acertos, as virtudes, mas também os erros e defeitos. Somos seres humanos, mas podemos ver que esses personagens bíblicos, após terem tido medo e errado, se voltaram para Deus, tornando-o seu foco e refúgio.

* **Moisés**: recolhido das águas pela filha do faraó e adotado por ela, teve uma vida de príncipe do Egito. Mas, quando cresceu, viu o sofrimento do seu povo e acabou fazendo justiça com as próprias mãos, matando um egípcio que maltratava um judeu. Depois que foi descoberto, ficou com medo do faraó e fugiu de lá, vivendo quarenta anos no deserto. Como disse o autor Charles Swindoll: "Moisés viveu quarenta anos pensando que era alguém (porque era filho da filha do faraó), depois viveu quarenta anos pensando que não era ninguém (porque viveu no deserto, longe de tudo), e após isso, quando Deus o chamou, viveu mais quarenta anos vendo o que Deus pode fazer com um ninguém".[14] Porque, quando chama alguém, Deus capacita a pessoa. E Ele fez maravilhas com Moisés. Depois que o Senhor o chamou, não encontramos mais na Bíblia Moisés com medo; pelo contrário, ele confiou em Deus e foi ousado na fé. Assim seremos nós quando lançarmos o nosso nada nas mãos de Deus, os nossos medos nas mãos de Deus. Ele é capaz de fazer maravilhas e nos dar a coragem que antes não tínhamos. Moisés mandou doze pessoas para

espiar a terra que Deus prometeu dar ao povo de Israel, mas, depois, apenas Caleb e Josué estavam confiantes de que poderiam vencer a batalha. Os outros dez começaram a falar que a terra era boa e com bons frutos, mas que o povo que ali residia era enorme e numeroso e que não poderiam vencer a batalha. Dessa forma, o povo ficou com muito medo e murmurou contra Deus, o que acabou matando muitos deles por falta de fé, porque o medo é falta de fé no poder de Deus. Por isso, é uma emoção com tendência ao pecado. Pela falta de fé, a pessoa passa a não crer nas promessas de Deus, passa a duvidar do poder divino. Deus fez o povo vagar quarenta anos no deserto por causa disso, e, quando Josué foi conquistar a Terra Santa, Deus logo diz que estaria com ele e que ele não temesse, porque Ele sabia que o medo ofuscava a fé e a expulsava do coração.

* **Davi**: um homem no coração de Deus. Lendo as Escrituras, vemos como Deus usou poderosamente Davi, mas, nos Salmos que ele compôs, nós o encontramos muitas vezes pedindo a força necessária para remover o

medo do seu coração. Fosse o medo de ser vencido pelos inimigos, medo de que Saul o matasse. Como ele diz em um dos seus Salmos: "O meu coração está acelerado; os pavores da morte me assaltam. Temor e tremor me dominam; o medo tomou conta de mim" (Salmo 55,4-5).[15] Davi é um exemplo de que uma pessoa de Deus pode ter medo, mas que, se entregar seus temores ao Senhor, Ele o livrará de tais emoções.

* **Ester**: uma judia órfã de pai e mãe, foi adotada pelo seu tio Mardoqueu, que a cria como filha. Ela é levada para o palácio do rei, para ser preparada para ver se era escolhida por ele para ser rainha. Ester ganha o afeto do rei e se torna a nova rainha. E vão acontecendo coisas contra o seu povo, e o rei não sabia que ela era judia. Certo dia, um inimigo do seu povo faz o rei decretar a morte do povo judeu em uma determinada data. Mardoqueu manda falar com a rainha, que de início fica com medo de ir falar com ele pelo temor de ser morta. Mardoqueu diz que Deus permitiu que ela chegasse a essa posição para salvar o povo, então a rainha Ester decreta três dias de jejum e oração

para que possa ir falar com o rei e interceder pelos judeus. O medo foi derrotado pela oração e pelo jejum, e que assim aconteça conosco. Os nossos medos se acabam com a oração e o jejum, com a presença de Deus em nossa vida.

* **São Pedro**: ele foi um discípulo e apóstolo dos mais audaciosos, sempre com respostas para Jesus, sempre mostrando crer que Jesus era o Messias e Deus. No Evangelho, vemos Jesus andando sobre as águas. Pedro pediu que também andasse, então Jesus disse: "Vem". Pedro começou a andar sobre o mar, mas veio um vento que lhe causou medo, e ele começou a afundar, porque tirou o foco de Jesus. Só que aí começou a clamar: "Me ajuda, me socorre, Jesus", e Este o auxiliou e perguntou: "Por que duvidou?". E é bem isto que o medo faz conosco: primeiro, passamos por alguma situação que tira o nosso foco de Jesus, então duvidamos e começamos a "afundar", isto é, a ficar temerosos, angustiados, porque o medo, como já disse, retira a nossa fé em Deus.

Poderia falar ainda de muitos outros personagens bíblicos que temeram pela própria vida. Pessoas que, mesmo tendo fé, foram, por um período, assoladas pelo medo. Mas aí está o segredo: eles voltaram o olhar a Deus, eles oraram, e foi restabelecida a sua fé.

Nós, como seres humanos, temos diversos medos em diferentes fases da vida, e a primeira coisa que temos que fazer é submeter nossos temores a Deus, que tudo pode. Não podemos deixar essa emoção, esse temor, nos dominar. Os Salmos são muito bons para se ler quando o medo insiste em querer fazer parte de nossos pensamentos. Vemos que, quando submetemos isso a Deus, Ele vem nos dar força para substituir o medo pela coragem e pela fé.

Também precisamos aprender que a oração é para ser feita em todos os momentos. Como diz São Paulo: "orai sem cessar". Precisamos de um tempo para ficar em silêncio e ter intimidade com Deus. Isso pode ser feito ao acordarmos mais cedo ou, durante o dia, encontrarmos um momento para falar com o Senhor, ler a Bíblia, rezar o terço ou o rosário, escutar Deus em nosso coração ou por meio da Sua Palavra.

Além disso, ao longo do dia, em nossos afazeres, ==devemos ter sempre sintonia com Deus.==

Quando estamos trabalhando ou quando um problema aparece, devemos dizer em nosso coração: "Me ajuda, Jesus". No momento em que um medo vem nos visitar por alguma coisa, devemos dizer em nosso coração: "Jesus, não dou conta sozinho. Me ajuda, vem em meu socorro". Fazer pequenas jaculatórias pedindo o auxílio de Deus. Assim, vamos rezando e nos conectando com Deus durante todo o dia.

Se formos ver nas Escrituras, tem várias passagens em que Ele nos fala para não temermos. Vou listar algumas para você. Faça a experiência, caso o medo seja uma dificuldade muito grande em sua vida: escreva um destes versículos no espaço destacado e coloque-o em um lugar que você consiga lê-lo durante o dia. Hoje, existem aplicativos no celular que funcionam como post-its; você também pode fixar no aplicativo e ler quando tiver um tempinho, preenchendo sua mente com a Palavra de Deus.

Versículos que nos inspiram coragem

"Busquei ao Senhor, e ele me respondeu; livrou-me de todos os meus temores" (SALMOS 34,4).[16]

* * *

"O Senhor é a minha luz e a minha salvação; de quem terei medo? O Senhor é a fortaleza da minha vida; a quem temerei?" (SALMOS 27,1).[17]

* * *

"Quando eu ficar com medo, hei de confiar em ti. Em Deus, cuja palavra eu exalto, neste Deus ponho a minha confiança e nada temerei. Que me pode fazer um mortal?" (SALMOS 56,3-4).[18]

* * *

"O Senhor está comigo; não temerei. O que é que alguém pode me fazer?" (SALMOS 118,6).[19]

* * *

"Ainda que eu ande pelo vale da sombra da morte, não temerei mal nenhum, porque Tu estás comigo; o teu bordão e o teu cajado me consolam" (SALMOS 23,4).[20]

"Não temas, porque eu sou contigo;
não te assombres, porque eu sou o teu Deus;
eu te esforço e te ajudo e te sustento com
a destra da minha justiça" (ISAÍAS 41,10).[21]

* * *

"Quem tem medo dos outros cai numa
armadilha, mas o que confia no Senhor
está seguro" (PROVÉRBIOS 29,25).[22]

* * *

"Esforçai-vos e animai-vos; não temais
nem vos espanteis diante deles, porque o
Senhor, vosso Deus, é quem vai convosco;
não vos deixará nem vos desamparará"
(DEUTERONÔMIO 31,6).[23]

* * *

"O Senhor é quem irá à sua frente.
Ele estará com você; não o deixará nem o
abandonará. Não tenha medo nem fique
assustado" (DEUTERONÔMIO 31,8).[24]

"No amor não há medo; o amor que é totalmente verdadeiro afasta o medo. Portanto, aquele que sente medo não tem no seu coração o amor totalmente verdadeiro, porque o medo mostra que existe castigo" (1 JOÃO 4,18).[25]

* * *

"Pois o Espírito que Deus nos deu não nos torna medrosos; pelo contrário, o Espírito nos enche de poder e de amor e nos torna prudentes" (2 TIMÓTEO 1,7).[26]

* * *

"Portanto, não tenham medo, pois vocês valem mais do que muitos passarinhos" (MATEUS 10,31).[27]

* * *

"E assim, com confiança, ousemos dizer: O Senhor é o meu ajudador e não temerei o que possa fazer o homem" (HEBREUS 13,6).[28]

Escreva nesta página os versículos que o inspiram a não ter medo e a seguir em frente, com Jesus no coração:

....

....

....

....

....

....

....

....

....

....

....

....

....

....

....

Convido você, leitor ou leitora, a fazer uma oração junto comigo:

> Senhor Jesus, eu venho te pedir para que toques nos meus medos – medos reais e imaginários –, que o teu sangue me lave e me liberte desses temores que me atormentam. Toca nos meus pensamentos e nas minhas emoções; sejam quais forem as raízes destes medos e desses pavores, vem me curar, Jesus. Eu te consagro todas as vezes que fiz coisas erradas por causa dos meus medos; perdoa-me todos os meus pecados devido ao medo. Jesus, me livra do poder do inimigo que vem com sugestões que me amedrontam; vem, Senhor, cura-me e liberta-me desta teia do medo; liberta-me deste pânico que às vezes me acomete. Desvencilha-me de uma vez por todas de toda perturbação causada pelos medos. Eu submeto no poder do teu nome todos os meus pensamentos de medo e temores ao teu senhorio, Jesus. Que a tua graça me cure e o teu amor expulse todos os medos da minha vida e da minha história. Eu quero ter fé; ajuda-me a aumentar a minha fé para que a coragem faça parte da minha vida e das minhas decisões. Obrigado, Jesus; faço esta oração de coração e com a certeza de que o Senhor me escuta. Meu Senhor e meu Deus, eu creio, mas aumenta a minha fé.
> Amém.

Capítulo 3

Ansiedade

No dicionário Priberam, *ansiedade* tem os seguintes significados:[29]

1. Comoção aflitiva do espírito que receia que uma coisa suceda ou não;
2. Sofrimento de quem espera o que é certo vir. = IMPACIÊNCIA;
3. [Psicopatologia] Perturbação psicológica caracterizada pela expectativa de um perigo, perante o qual o indivíduo se sente indefeso.

Hoje, vemos que muitos psiquiatras e psicólogos dizem que o mal do século é a ansiedade. Ela acomete a todos nós; uns conseguem administrá-la melhor, e outros, os casos mais graves, desenvolvem a patologia. A ansiedade nunca vem sozinha; muitas vezes, vem junto com o medo, como diz a definição do dicionário: uma aflição que dá receio de que algo suceda. Sensação ou perturbação temerosa.

Como digo no programa de rádio que faço, o *Momento de Fé*, estamos sendo expostos a muitas informações, e pesquisas mostram que bastam poucos minutos de exposição a más notícias para causar algum dano em nosso psicológico.[30] Ficamos ansiosos e temerosos depois de ver um noticiário, que, atualmente, é uma notícia ruim atrás da outra.

Quando pegamos uma caixa e colocamos joias nela, essa caixa se torna um porta-joias. Mas quando pegamos uma caixa e colocamos cascas de bananas, essa caixa se torna uma caixa de lixo. Assim é com a mente: se colocarmos boas coisas nela, ela estará saudável. Mas se a enchermos de notícias e coisas ruins, ela se tornará um lixo. E muitas enfermidades nos acometerão: síndrome do pânico, ansiedades e depressão, devido ao que estamos permitindo entrar em nossa mente.

São Paulo nos diz em sua carta aos Romanos 12,2:

"Não vivam como vivem as pessoas deste mundo, mas deixem que Deus os transforme por meio de uma completa mudança da mente de vocês. Assim vocês conhecerão a vontade de Deus; isto é, aquilo que é bom, perfeito e agradável a ele".[31]

Muitos estudiosos da Bíblia nos ensinam que para ocorrer essa transformação em nossa mente, como São Paulo nos diz nesse versículo, é necessária a exposição às Escrituras. À medida que lemos a Palavra de Deus, a mente vai se transformando. Aqui me lembro de uma história que escutei muitos anos atrás, e a apresento a você:

O cesto e a água

Um discípulo chegou para seu mestre e perguntou:
— Mestre, por que devemos ler a Bíblia várias vezes e tentar decorá-la se nós não conseguimos memorizar tudo e com o tempo acabamos esquecendo? Somos obrigados a constantemente relembrar de novo o que já esquecemos.
O mestre não respondeu imediatamente. Ele ficou olhando para o horizonte e depois ordenou ao discípulo:

— Pegue aquele cesto de junco, desça até o riacho, encha-o de água e traga-o até aqui.

O discípulo olhou para o cesto, que estava bem sujo, e achou muito estranha a ordem do mestre. Mas, mesmo assim, obedeceu.

Pegou o cesto sujo, desceu os cem degraus da escadaria até o riacho, passou por um jardim, encheu o cesto de água e começou a subir de volta. Como o cesto era todo cheio de furos, a água foi escorrendo e, quando chegou até o mestre, já não restava nada.

O mestre perguntou:

— Então, meu filho, o que você aprendeu?

O discípulo olhou para o cesto vazio e disse:

— Aprendi que cesto de junco não segura água.

O mestre ordenou-lhe que repetisse o processo.

Quando o discípulo voltou com o cesto vazio novamente, o mestre perguntou:

— Então, meu filho, e agora, o que você aprendeu?

O discípulo novamente respondeu com sarcasmo:

— Cesto furado não segura água.

O mestre, então, continuou ordenando que o discípulo repetisse a tarefa. Depois da décima vez, o discípulo estava exausto de tanto descer e subir as escadarias. Porém, quando o mestre perguntou de novo:

— Então, meu filho, o que você aprendeu?

O discípulo, olhando para dentro do cesto, percebeu admirado:

— O cesto está limpo! Apesar de não segurar a água, a repetição constante acabou por lavá-lo, e ele ficou limpinho.

O mestre, por fim, concluiu:

— Não importa que você não consiga decorar todas as passagens da Bíblia. O que importa, na verdade, é que por meio do processo de leitura sua mente e seu coração se mantêm vivos e purificados; perceba que no lugar onde foram caindo as águas surgiram plantas novas e viçosas. Quantas vezes estamos com a mente preocupada com os problemas e nos esquecemos de Deus? Com certeza, se lermos a

Bíblia, nossa mente se purificará e se encherá de amor e paz; ao mesmo tempo, nossa vida vai naturalmente fecundando também o que está ao nosso redor.

Com essa história, percebemos que, ao lermos a Bíblia, as Palavras de Deus vão nos lavando e nos tocando. Nenhuma palavra que sai da boca de Deus volta vazia.

"Assim acontece à palavra que minha boca profere: não volta sem ter produzido seu efeito; sem ter executado minha vontade e cumprido sua missão" (Isaías 55,11).[32]

Como disse na Introdução deste livro, ao mostrar uma pesquisa feita nos Estados Unidos, as pessoas que liam quatro ou mais vezes a Bíblia tinham seu nível de ansiedade diminuído porque a palavra tem este efeito curador: cura as nossas emoções doentes. Faça a experiência de ler o Salmo 23 (22), o Salmo do Bom Pastor, três vezes durante o dia por um mês e veja se sua ansiedade não diminui drasticamente. Escutei um psiquiatra cristão receitando esse remédio para seus pacientes, e o resultado foi maravilhoso.

Faça você mesmo para ver o que acontece! A seguir, o Salmo para o seu exercício de leitura:

Salmo 23 (22)[33]
O Senhor nosso pastor

"O Senhor é o meu pastor: nada me faltará. Ele me faz descansar em pastos verdes e me leva a águas tranquilas. O Senhor renova as minhas forças e me guia por caminhos certos como ele mesmo prometeu. Ainda que eu ande por um vale escuro como a morte não terei medo de nada; pois tu, ó Senhor Deus estás comigo; tu me proteges e me diriges. Preparas um banquete para mim onde os meus inimigos podem me ver. Tu me recebes como convidado de honra e enches meu copo até derramar. Certamente a tua bondade e o teu amor ficarão comigo enquanto eu viver; e na tua casa, ó Senhor, morarei todos os dias da minha vida."

Leia meditando e preste atenção no que o Salmo diz: as promessas de Deus são revigorantes!

Em tempos em que percebo que a ansiedade vem me visitar, releio este Salmo e vejo que até o batimento do meu coração desacelera. A Palavra de Deus tem esse poder de acalmar nossas emoções e curar os maus sentimentos.

Em Sabedoria 16,12, temos: "Não foi uma erva nem algum unguento que os curou; mas a vossa palavra que cura todas as coisas Senhor".[34] A Palavra de Deus cura todas as coisas em nossa vida; por isso, em tempos difíceis, precisamos investir na leitura das Escrituras se quisermos manter a saúde mental.

É essencial – vou repetir isso em todos os capítulos deste livro –, porque não só eu experimento isso na minha vida, mas também notei pessoas que acompanhei no meu ministério sacerdotal por isto: as pessoas que conseguem superar as adversidades e manter suas emoções sob controle são aquelas que têm contato com as Escrituras diariamente.

Temos que ser cristãos católicos íntimos das Escrituras. São Jerônimo dizia: "Quem não conhece o Evangelho não conhece Jesus Cristo". Se queremos conhecer Jesus e ter saúde mental, precisamos ler, reler, ler de novo e reler mais uma vez as Escrituras. Você verá que, a cada leitura da Bíblia, um novo entendimento acontece; as histórias contidas nela, as orientações, ganham algo diferente em cada releitura porque a Palavra é viva; a Palavra de Deus é uma pessoa: Jesus.

A Bíblia não é um livro de romance que você lê e já conhece a história contida ali. Nela, você pode até saber o que acontece por causa da leitura feita antes, mas ela não é só *logos* (isto é, a palavra em si); ela também é *rhema* (isto é, algumas palavras saltam e falam no profundo do seu coração como algo enviado por Deus para você naquele determinado dia). A Palavra é espírito e vida, como disse Jesus no evangelho de São João 6,63b: "As palavras que vos tenho dito são espírito e vida".[35]

Não quero me concentrar muito no que é ansiedade, porque atualmente temos excelentes livros sobre isso, escritos por psiquiatras, que abordam com maestria o assunto. Neste livro, quero ensinar a você, como cristão: temos as armas certas para usar contra o inimigo espiritual, que é real e quer usar pessoas e coisas para retirar nossa saúde mental, física, espiritual e emocional. Nós temos a oração e as Escrituras como duas armas poderosas para renovar nossa mente e não permitir que o lixo do mundo recaia sobre nós.

"Estamos neste mundo, mas não somos deste mundo."[36] Não podemos deixar a correnteza deste mundo nos levar na enxurrada de notícias ruins, nem nos permitir beber desta água. É só olhar ao redor para ver como até em crianças aumentaram os casos de ansiedade; muitas delas frequentando psicólogos/psiquiatras por estarem com a saúde mental comprometida.

Nossas crianças deixaram de lado suas atividades sadias, como brincar ou se divertir; estão com o celular na mão, sendo bombardeadas por notícias e programas prejudiciais ao psicológico delas – por isso estamos como estamos! A internet é boa quando usada corretamente, mas nossas crianças ainda não têm senso crítico para filtrar ou selecionar coisas boas; vão ingerindo informações veiculadas sem discernimento.

E até os adultos estão deixando o discernimento à parte, assistindo a tudo aquilo que lhes é proposto sem filtrar, deixando – como eu disse – a correnteza levar. Meu amado leitor, minha amada leitora, somos cristãos! Jesus sempre nos alertou contra este mundo, assim como São Paulo e São Pedro em seus escritos, mas, para sabermos, precisamos ler as Escrituras.

O nosso inimigo espiritual não quer que leiamos a Bíblia; por isso, ele usa pessoas para dizerem que ela é ultrapassada ou qualquer coisa desse tipo. Eu já disse um pouco no meu livro *Amorização:*

a cura do coração – um diário espiritual, mas repito: somos uma geração abençoada! Temos acesso a várias traduções das Escrituras. Hoje, no celular, você pode baixar gratuitamente várias versões da Palavra de Deus, comparar e escolher a linguagem mais acessível. Tem um aplicativo conhecido da Bíblia, por meio do qual, além das várias traduções disponíveis em diversos idiomas, você pode ouvir versões em áudio. Mas, infelizmente, poucos fazem uso dessa graça no dia a dia!

Os entretenimentos, às vezes, são bons, mas não em demasia; eles roubam todo nosso tempo! Não deixamos vinte minutos para lermos o manual da nossa vida – a bússola para guiar nossos passos – que é a Palavra de Deus! E por isso a ansiedade nos rouba, infelizmente.

Jesus disse: "No mundo haveis de ter aflições. Coragem! Eu venci o mundo" (João 16,33).[37] Deus nos alertou sobre as tribulações. Vemos nas Escrituras que todos os personagens bíblicos sofreram, mas eles se apegaram à Palavra de Deus! É nisto que você tem que crer: em apegar-se à Palavra de Deus! Veja este versículo no qual São Pedro nos diz: "Lancem sobre ele todas as suas ansiedades, porque ele cuida de vocês" (1 Pedro 5,7).[38]

Temos que aprender a lançar toda nossa ansiedade em Jesus! E fazemos isso pela oração.

Vamos fazer isso juntos agora! Convido você, leitor ou leitora, a fazer esta oração:

> Pai Celestial, em nome de Jesus, viemos aqui pedir a graça de sermos curados das nossas ansiedades! Queremos te entregar todas as raízes dessas emoções que nos tiram a paz! Tira toda a impaciência. Todo lixo colocado pelo mundo em nossa mente – lixo esse permitido por nós mesmos. Vem nos curar, Senhor Jesus... Por favor! Que possamos ser batizados no teu Espírito. Que teu Espírito possa nos controlar. Controla nossas emoções. E, assim, possamos ter paz – aquela paz que excede todo entendimento. Que saia de nós todo o tipo de ansiedade que vem nos fazer mal. Jesus, assim como em um computador a gente usa o delete para apagar informações que não queremos mais, que o Senhor dê um delete em nossa mente de tudo o que encheu-a de informações que nos causam ansiedade. Que possamos ter o PDS, Prudência, Discernimento e Sabedoria, em como investir o nosso tempo. Que não nos deixemos mais levar pela correnteza deste mundo, mas, pelo poder da Palavra de Deus, possamos remar contra esta maré. E os dois remos são, de um

lado, a oração, e, do outro, a Bíblia. Obrigado, meu Deus. Porque o Senhor nos dará fome e sede das Escrituras e de uma vida de oração. Vem, Senhor Jesus, vem nos inflamar com teu Santo Espírito. Que possamos ser novas criaturas em ti, e a ansiedade não tenha mais poder em nossa vida.

Amém.

Jesus, eu te amo.
Jesus, eu confio em Vós!
A alegria do Senhor é a nossa força.
Maria passa à frente e pisa na cabeça da serpente.
Muito obrigado, Jesus.

Capítulo 4

Mau pensamento

Vamos ver no dicionário Priberam as definições das palavras *mau* e *pensamento*:

Mau – adjetivo[39]
1. De qualidade fraca ou insuficiente. Diferente de BOM;
2. Que não presta; que não serve para a sua função ou propósito;
3. Que não cumpre os seus deveres ou não desempenha bem as suas funções;
4. Que demonstra inabilidade ou incapacidade na realização de alguma coisa;
5. Que tem defeito ou apresenta falhas;
6. Que é ética ou moralmente pouco correto no seu comportamento ou nas suas atitudes;
7. Que apresenta estado desfavorável;

8. Que traz prejuízos ou desvantagens;
9. Que tem consequências muito negativas;
10. Que apresenta dificuldades ou obstáculos.

Pensamento – substantivo masculino[40]
1. Ato, faculdade de pensar;
2. Ideia, reflexão, consideração;
3. Intenção;
4. Conceito, opinião;
5. Esboço da primeira ideia ou invenção de um artista.

Juntando os dois termos, "mau pensamento" refere-se a todo pensamento negativo, ideias más e aflições/tormentos no pensar.

Muitos anos atrás, li um livro em que o autor dizia que o inimigo de nossa alma, o demônio, faz da nossa mente um campo de batalha, sugerindo pensamentos estranhos. Muitos desses pensamentos nem são nossos, e sim tentações ou sugestões do inimigo para retirar a nossa paz, nos tornar temerosos, fazer com que tenhamos dúvidas de fé e tantas coisas que tornam a nossa estrutura mental pesada e sombria.

Vou citar alguns maus pensamentos que acometem as pessoas e rezaremos, juntos, em cada situação.

Falta de autoestima saudável

Às vezes, o mau pensamento que nos acomete é a falta de uma autoestima saudável. Por termos sido rejeitados no ventre materno ou durante a vida por pais e amigos, não gostamos de nós mesmos, e pensamentos ruins nos vêm à cabeça: *não sou amado, não presto para nada, nada dá certo para mim* etc. Esses pensamentos são colocados na mente pelo inimigo, através da boca de alguém que fala como marionete nas mãos do mal ou por uma sensação interna em que escutamos uma voz de inferioridade. O mundo de hoje necessita reencontrar sua identidade. E qual é a nossa identidade? Somos filhos e filhas de Deus, amados, queridos e sonhados por Deus. Em Jeremias 1,5, Deus diz: "Antes do seu nascimento, quando você ainda estava na barriga da sua mãe, eu o escolhi e separei para que você fosse um profeta para as nações".[41]

Somos queridos por Deus; Ele nos escolheu mesmo que não tenhamos sido desejados por nossos pais. Deus quer retirar esses pensamentos de baixa autoestima de nós; Ele tem grandes sonhos para cada um de seus filhos. Toda essa sensação que temos de não sermos aceitos faz com que mudemos para agradar aos outros.

Você só tem que agradar a Deus, porque assim será verdadeiramente feliz.

Para esse tipo de pensamento, reze junto comigo:

E, neste momento, Jesus, eu peço que toques nesta área da autoestima desta pessoa, que ela se sinta tocada na causa desses pensamentos de inferioridade e de não se gostar. Retira isso dos pensamentos dela. Batiza-a no teu Santo Espírito e dá a graça para que ela se sinta amada por Ti. Meu Deus, dá o teu amor, que supera tudo, e refaz os pensamentos dela; equilibra todo o seu pensar e transforma esses pensamentos em bons pensamentos. Que ela pare de se maltratar para agradar e se enturmar com os outros; retira todo medo que ela sente de ficar sozinha e que faz com que aceite relacionamentos abusivos. Todo medo de não ser amada: quebra isso, Jesus! Toda autoimagem distorcida pelo mundo e pelo pecado: muda isso, Jesus! Dá uma autoimagem como filho e filha de Deus; que essa pessoa se respeite e se dê o valor que o Senhor dá a ela: um valor eterno. Mostra, Jesus, que o Senhor morreu por ela para lhe dar vida plena e feliz! Mostra que o Senhor tem um plano de bênção na vida dela. Que esta pessoa é uma bênção. Dá bons e agradáveis pensamentos a esta pessoa em Teu nome, Jesus.

Amém.

Trechos bíblicos para meditar

"Nada temas, porque estou contigo; não lances olhares desesperados, pois eu sou teu Deus. Eu te fortaleço e venho em teu socorro; eu te amparo com minha destra vitoriosa" (ISAÍAS 41,10).[42]

* * *

"O Senhor, seu Deus, está no meio de você, poderoso para salvar. Ele ficará muito contente com você. Ele a renovará no seu amor e se encherá de júbilo por causa de você" (SOFONIAS 3,17).[43]

* * *

"Eis que eu gravei você nas palmas das minhas mãos; as suas muralhas estão continuamente diante de mim" (ISAÍAS 49,16).[44]

Culpa

Talvez os maus pensamentos que te acometam sejam os da culpa. O inimigo espiritual sempre vem colocar em nós a culpa. Quando ele tenta uma pessoa, mostra só o lado bom; os pensamentos que vêm são de que merecemos isso, que não é pecado, que todo mundo faz e que é bom. Depois que você comete o pecado, os pensamentos vêm te condenar e vários tipos diferentes de culpa vêm te atingir. É um ciclo vicioso entre tentação, ceder à tentação, cometer o pecado e, depois, vem a culpa. Precisamos aprender a não cair em tentação, e ler a Palavra de Deus nos faz fortes para vencê-la. Jesus venceu as tentações do deserto com as Escrituras; Ele deu o exemplo para nós, para que, com as Escrituras, vençamos as tentações. Mas, como somos falhos e cada pessoa tem um ponto fraco – pode ser a gula, pode ser a bebida, a fofoca –, seja qual for a tentação que te faz pecar, Jesus apagou nosso pecado. Basta nos arrependermos e buscarmos o sacerdote na confissão, e o pecado é pago; Deus não se lembra mais.

Quando confessamos os nossos pecados com o sacerdote, eles são totalmente apagados. Mas, às vezes, a pessoa confessa, e não se perdoa;

fica com culpa porque o inimigo coloca esse sentimento nos pensamentos dela.

A oração e a Palavra de Deus vão te lavando para que você creia que o Senhor te perdoou totalmente, e para que não dê lugar a essa culpa que te faz tanto mal.

Quando a culpa tomar conta de seus pensamentos, reze junto comigo:

Jesus, vem tocar nesta pessoa que é acometida por tantos maus pensamentos de culpa; lava esta mente e a refaça. Dá a graça de ela se sentir totalmente perdoada, lavada pela água purificadora da tua bênção. O passado ficou para trás. Para quem é de Jesus e se arrependeu, o Senhor faz desta pessoa uma nova criatura. Dá novos pensamentos a ela; dá um amor por Ti que remova toda a culpa. Vem, Senhor Jesus, batiza esta pessoa com teu Santo Espírito. Obrigado, meu Deus. Creia nesta promessa de Deus para você: "'Pois bem, justifiquemo-nos', diz o Senhor. 'Se vossos pecados forem escarlates, se tornarão brancos como a neve! Se forem vermelhos como a púrpura, ficarão brancos como a lã! Se fordes dóceis e obedientes, provareis os melhores frutos da terra'" (Isaías 1,18-19).[45]

Trechos bíblicos para meditar

"Mas eu – eu mesmo – sou o seu Deus e por isso perdoo os seus pecados e os esqueço" (ISAÍAS 43,25).[46]

* * *

"Novamente terás compaixão de nós; acabarás com as nossas maldades e jogarás os nossos pecados no fundo do mar" (MIQUEIAS 7,19).[47]

* * *

"Pois eu perdoarei os seus pecados e nunca mais lembrarei das suas maldades" (HEBREUS 8,12).[48]

* * *

"Depois ele diz: 'Não lembrarei mais dos seus pecados nem das suas maldades'" (HEBREUS 10,17).[49]

Críticas e murmurações interiores

Outras vezes, os pensamentos ruins que vêm nos abater são críticas e murmurações interiores que fazem mal à nossa saúde mental. Se formos ler a Palavra de Deus em Êxodo, veremos que Deus se manifestou poderosamente para o povo de Israel – o povo que foi liberto do Egito –, que, por passar por dificuldades momentâneas, murmurou contra Deus, pecando contra o Senhor. Certa vez, escutei que a murmuração é um louvor ao demônio porque, quando murmuramos, ofendemos muito a Deus. Por isso, o ato de agradecer e louvar a Deus tem tanto poder para nos ajudar a vencer as dificuldades. Já a murmuração é nossa derrota, uma brecha para o inimigo entrar em nossa vida.

Sermos críticos demais, no sentido negativo, também afeta nossa saúde mental. Ao apontar os erros e os defeitos dos outros, nos tornamos perfeccionistas e acabamos julgando nosso irmão.

Para esses pensamentos, rezemos juntos:

Senhor Jesus, retira de nós todo e qualquer julgamento que haja em nossa vida; toda crítica destrutiva e toda murmuração. Que possamos ter palavras de bênção para nossos irmãos e para nós também, porque, às vezes, a crítica negativa é contra nós mesmos. Jesus, nos cura! Muda nossos pensamentos; muda nossas ideias! Que tua Palavra possa habitar ricamente nossa mente. Que tenhamos bom humor e sejamos gratos. Batiza-nos, Jesus, com teu Santo Espírito. Vem fazer uma obra nova em nossa vida. Vem fazer uma Metanoia, isto é, uma total transformação de pensamentos! Obrigado, Jesus.

Promessa de Deus para nós: "Eu é que sei que pensamentos tenho a respeito de vocês, diz o Senhor. São pensamentos de paz e não de mal para dar-lhes um futuro e uma esperança" (Jeremias 29,11).[50]

Trechos bíblicos para meditar

"Sejam mutuamente hospitaleiros, sem murmuração" (I PEDRO 4,9).[51]

* * *

"Façam tudo sem murmurações nem discussões, para que sejam irrepreensíveis e puros, filhos de Deus inculpáveis no meio de uma geração pervertida e corrupta, na qual vocês brilham como luzeiros no mundo, preservando a palavra da vida" **(FILIPENSES 2,14-16A).**[52]

* * *

"Irmãos, não falem mal uns dos outros. Aquele que fala mal do irmão ou julga seu irmão fala mal da lei e julga a lei; ora, se você julga a lei, não é observador da lei, mas juiz" **(TIAGO 4,11).**[53]

* * *

"Quem é você para julgar o servo alheio? Para o seu próprio dono é que ele está em pé ou cai; mas ficará em pé, porque o Senhor é poderoso para o manter em pé" **(ROMANOS 14,4).**[54]

* * *

"Por que você vê o cisco no olho do seu irmão, mas não repara na trave que está no seu próprio? Ou como você dirá ao seu irmão: 'Deixe que eu tire o cisco do seu olho', quando você tem uma trave no seu próprio? Hipócrita! Tire primeiro a trave do seu olho e então verá claramente para tirar o cisco do olho do seu irmão" **(MATEUS 7,3-5).**[55]

Pensamentos suicidas

Outras vezes, os pensamentos ruins que temos são pensamentos suicidas. Infelizmente, vivemos numa época em que o número de suicídios aumentou, devido à depressão ou a diferentes causas que provocam más ideias nas pessoas. O inimigo sugere que os problemas que elas estão enfrentando não têm saída, que perderam o gosto por viver, ou acham que não têm mais propósito nesta vida, ou até mesmo porque estão passando por doenças e querem pôr fim ao sofrimento. Quando o inimigo sugere o ato de se matar, a pessoa perde a paz mental, mas Jesus quer acabar com esses maus pensamentos. Você é templo de Deus; Deus tem algo bom para você. Não dê ouvidos a esses pensamentos ruins. Para vencer essa enxurrada de maus pensamentos, você precisa do poder do Espírito Santo e da oração. É necessário fazer uma transformação mental, colocando bons pensamentos, substituindo os maus. Para isso, você tem que encher a mente com a Palavra de Deus. Veja o que São Paulo diz que devemos fazer:

"Finalmente, irmãos, tudo o que é verdadeiro, tudo o que é respeitável, tudo o que é justo, tudo o que é puro, tudo o que é amável, tudo o que é de boa fama, se alguma virtude há e se algum louvor existe, seja isso o que ocupe o pensamento de vocês" (Filipenses 4,8).[56]

Mas, para que você consiga ter esses pensamentos que São Paulo nos pede, é necessário ler e escutar as Escrituras. Ao ler a Palavra de Deus, você vai fazendo uma faxina mental. E isso não acontece em um dia; é um exercício diário de ler as Escrituras com o coração aberto por algum tempo. É como os atletas das Olimpíadas: eles conseguem chegar aonde chegam porque treinam muito e fortalecem os músculos; ganham força e habilidade. Assim também acontece com nossos pensamentos: ao lermos as Escrituras repetidamente, os maus pensamentos vão sendo expulsos e novos pensamentos vão sendo fixados. E quando você coloca em prática o que está sendo ensinado, melhor ainda, porque ocorre uma total transformação. Mas temos um inimigo real – nosso inimigo espiritual – que quer encher nossa mente com outras coisas: filosofias, ideologias, fanatismo, medos e pensamentos errados. Porém, se investirmos na oração e na leitura das Escrituras, o Espírito Santo terá a liberdade de promover essa mudança em nossa mente. Faça essa experiência por três meses e veja como esses maus pensamentos vão cessando.

Que você possa sentir que Deus quer transformar seus pensamentos. Vou repetir o que já falei para você gravar: pelo poder do Espírito Santo de Deus, através da oração e das Escrituras – investindo diariamente tempo numa oração pessoal e lendo a Palavra, seus pensamentos serão todos renovados, e você será uma nova criatura. Jesus diz nos Evangelhos que não coloca remendos em panos velhos nem vinho novo em odres velhos porque estouram; não aguentam. A mesma coisa acontece com você: Deus não colocará o novo em um "velho você". Ele te fará todo novo para que você receba esse novo d'Ele. Você é nova criatura pelo poder de Deus. Creia! Assim experimentará uma nova vida com Deus. Ele tem poder para destruir seus maus pensamentos e lhe dar uma nova maneira de pensar quando você faz sua parte.

Diz-se que somos o que comemos; então somos também o que lemos. Consuma boas leituras; consuma a Palavra de Deus! E o Espírito Santo terá o poder de substituir todo mau pensamento por bons. Você ganhará alegria ao viver uma vida plena. Você pode até passar dificuldades, porque Jesus sempre disse que neste mundo teríamos tribulações; mas você terá ânimo e pensamentos de Deus para enfrentar as adversidades com coragem e sabedoria.

Quando estava escrevendo este capítulo, me enviaram um vídeo de uma neurocientista dizendo que nossa mente é parecida com o algoritmo do YouTube. Por exemplo, no YouTube, você se inscreve colocando seu nome e sua idade; faz seu perfil e, com base nos vídeos a que assiste, começam a aparecer recomendações do que ele entende que você gosta. Se você clica em vídeos de gatinhos ou cachorros, aparece uma enxurrada desse tipo; assim acontece com nossa mente: quanto mais você pensa em algo, mais seu cérebro foca nisso. Por exemplo, se você quer comprar um carro vermelho, então começa a reparar quantos carros vermelhos existem; parece que são inúmeros! Isso acontece porque sua mente está focada nisso.

A neurocientista falou de como alimentar seus pensamentos; mas reflita: se forem negativos, sua mente será toda negativa! Por isso, ela ensina a importância de escolhermos bem nossos pensamentos. Retomando o que já falei: nós somos cristãos! Temos a Palavra de Deus! Se lermos e preenchermos nossa mente com as coisas de Deus – com as Escrituras –, ela será positiva; será preenchida com coisas boas! Está em nossas mãos escolhermos o que queremos ter dentro dela! É como no YouTube: você escolhe a que vai assistir, e assim as sugestões virão a partir disso.

Por isso, eu oro por você neste momento:

Em nome de Jesus, pelo poder do Espírito Santo de Deus, eu peço a graça de que você sinta novamente o gosto pela vida; que receba a graça de ter pensamentos de Deus e se sinta amado por Ele. Que todo pensamento destrutivo – aquele que te leva a querer morrer e tirar sua vida – saia, em nome de Jesus. E, no lugar disso, peço: seja batizado no Espírito Santo para que novos pensamentos possam habitar sua mente. Uma nova vida você receberá de Deus, porque Ele faz novas todas as coisas. Que onde você não viu saída, enxergue a solução; onde se sentia não amado, você se sinta plenamente amado por Deus; onde você se sentia perdido e sem perspectiva de vida, você receba plenitude de vida e direcionamento de Deus. Obrigado, meu Deus.

> **Trechos bíblicos para meditar**
>
> "Aquele que estava sentado no trono disse: — Agora faço novas todas as coisas! E também me disse: — Escreva isto, pois estas palavras são verdadeiras e merecem confiança" (APOCALIPSE 21,5).[57]
>
> * * *
>
> "Quem está unido com Cristo é uma nova pessoa; acabou-se o que era velho, e já chegou o que é novo" (2 CORÍNTIOS 5,17).[58]

Capítulo 5

Angústia

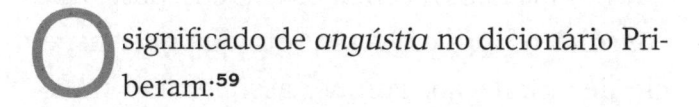

O significado de *angústia* no dicionário Priberam:⁵⁹

1. Estreiteza;
2. Grande aflição acompanhada de opressão e tristeza.

Quantos de nós passamos por momentos de angústia, opressão no peito e tristeza? Esta emoção retira a paz e afeta a saúde mental. Na Palavra de Deus, encontramos muitas passagens que falam da angústia, são elas:

Deus nos sustenta
"O Senhor é bom, é fortaleza no dia da angústia e conhece os que nele se refugiam" (Naum 1,7).⁶⁰

Amigos verdadeiros
"O amigo ama em todo tempo, e na angústia nasce o irmão" (Provérbios 17,17).[61]

Somos oprimidos, mas recebemos a consolação de Deus
"Bendito seja o Deus e Pai de nosso Senhor Jesus Cristo, o Pai de misericórdias e Deus de toda consolação! É ele que nos consola em toda a nossa tribulação, para que, pela consolação que nós mesmos recebemos de Deus, possamos consolar os que estiverem em qualquer espécie de tribulação. Porque, assim como transbordam sobre nós os sofrimentos de Cristo, assim também por meio de Cristo transborda o nosso consolo. Se somos atribulados, é para o consolo e a salvação de vocês; se somos consolados, é também para o consolo de vocês. Esse consolo se torna eficaz na medida em que vocês suportam com paciência os mesmos sofrimentos que nós também suportamos" (2 Coríntios 1,3-6).[62]

São Paulo passou por angústias
"Porque lhes escrevi no meio de muitos sofrimentos e angústia de coração, com muitas lágrimas, não para que vocês ficassem tristes, mas

para que soubessem do amor que tenho por vocês" (2 Coríntios 2,4).[63]

"Por isso, sinto prazer nas fraquezas, nos insultos, nas privações, nas perseguições, nas angústias, por amor de Cristo. Porque, quando sou fraco, então é que sou forte" (2 Coríntios 12,10).[64]

"Quem nos separará do amor de Cristo? Será a tribulação, ou a angústia, ou a perseguição, ou a fome, ou a nudez, ou o perigo ou a espada? Em todas estas coisas, porém, somos mais que vencedores por meio daquele que nos amou. Porque eu estou bem certo de que nem a morte, nem a vida, nem os anjos, nem os principados, nem as coisas do presente, nem do porvir, nem os poderes, nem a altura, nem a profundidade, nem qualquer outra criatura poderá nos separar do amor de Deus, que está em Cristo Jesus, nosso Senhor" (Romanos 8,35; 37-39).[65]

Deus é nosso refúgio
"O Senhor é também alto refúgio para o oprimido; refúgio nas horas de angústia" (Salmos 9,9).[66]

"Deus é o nosso refúgio e a nossa força, socorro que não falta em tempos de aflição" (Salmos 46,1).[67]

"Eu, porém, cantarei a tua força; pela manhã louvarei com alegria a tua misericórdia; pois tu me tens sido alto refúgio e proteção no dia da minha angústia" (Salmos 59,16).[68]

"Por isso, nos momentos de angústia, todos os que são fiéis a ti devem orar. Assim, quando as grandes ondas de sofrimento vierem, não chegarão até eles. Tu és o meu esconderijo; tu me livras da aflição. Eu canto bem alto a tua salvação, pois me tens protegido" (Salmos 32,6-7).[69]

Deus me escuta
"Na minha angústia invoquei o Senhor; gritei por socorro ao meu Deus. Do seu templo ele ouviu a minha voz, e o meu clamor chegou aos seus ouvidos" (Salmos 18,6).[70]

Podemos passar pelas tribulações e angústias, assim como Davi e assim como São Paulo, mas a Palavra de Deus é nossa força; o nosso sustento. Nesta vida, em momentos difíceis, passaremos por tempos de angústia; até Jesus passou por angústia no Getsêmani, mas ele disse: "Pai, não se faça a minha vontade, mas a tua". Quando nos entregamos a Deus e nos submetemos à vontade d'Ele e à sua Palavra, Ele nos envia seu alívio, e nossa angústia passa.

Muitos padres antigos sempre sugeriram que em tempos de angústia e sofrimento meditemos e oremos com os Salmos. Eles são poderosos remédios para combater a aflição interior. Também tenho experimentado o poder das jaculatórias que foram retiradas da Bíblia:

> *– Jesus, eu te amo.*
> *– Jesus, eu confio em Vós.*
> *– A alegria do Senhor é*
> *a nossa força.*
> *– Maria passa à frente e pisa na*
> *cabeça da serpente.*
> *– Muito obrigada, Jesus.*

Quando vou repetindo com fé essas jaculatórias, sinto minha angústia dissipar.

Quando confiamos em Deus, o poder d'Ele é muito maior que nossas angústias. Na Bíblia, há várias outras passagens que falam de angústia. Mas uma que vejo como positiva e que quero destacar é o Salmo 119,143:[71]

"Sobre mim vieram tribulação e angústia, mas os teus mandamentos são o meu prazer."

A Palavra de Deus é nosso prazer, e força em tempos de angústia. Por isso, quero ensinar a você como comecei a ler a Bíblia e como eu a leio hoje.

No último ano da faculdade de Educação Física, quando voltei novamente para a Igreja e senti meu chamado para ser padre, minha família, como sempre, frequentava grupos de oração da Renovação Carismática Católica. Mamãe sempre comprou literatura cristã e católica; entre esses livros, tinha um livrinho do padre Jonas, da Edições Loyola, que naquela época se chamava *A Bíblia foi escrita para você*.[72]

Eu li esse livro, e ele mudou a minha forma de ler as Escrituras, porque, antes, eu lia um trecho aqui, outro acolá. Mas, nesse livro, o padre Jonas ensina a ler primeiro o Novo Testamento, começando pela Primeira Carta de São João e depois pelo Evangelho de São João. No livro, ele dá a sequência certa para se ler a Bíblia e ir marcando-a. Então, usei marca-texto de cores diferentes para colher da leitura as promessas de Deus, as ordens d'Ele, os princípios eternos e as mensagens d'Ele para aquele dia.

Minhas duas primeiras Bíblias eram uma da Ave-Maria e uma de diferente tradução, que me acompanharam nessa época. Depois, no seminário, eram todas marcadas, porque realmente me dediquei às Escrituras para lê-las e extrair delas a vontade de Deus. Hoje, esse livro do padre Jonas se chama *A Bíblia no meu dia a dia*,[73] lançado pela Editora Canção Nova. Se você quer ler a Bíblia e ver diferença em sua vida, sugiro fazer este método do diário espiritual.

Mais tarde, ao ler livros de patrística, isto é, livros dos primeiros padres da Igreja, aprendi sobre a *lectio divina*. Você pega um texto, pode ser a liturgia diária que a Igreja nos sugere, lê, relê com calma, tentando entender o que Deus quer te falar; depois, medita no que você leu e ora em cima da Palavra. Por exemplo, quando Davi fala que Deus foi seu sustento em tempo de angústia, você vai falando para Jesus: "Eu creio, meu Deus, que neste tempo de angústia que estou passando o Senhor é meu refúgio, minha segurança, meu sustento". Você pega o versículo lido e traduz em oração, sendo que depois o contempla.

A *lectio divina* é uma escada com quatro degraus (leitura, meditação, oração, contemplação):

```
                        Contemplação
              Oração    ┌─────────────
       Meditação  ┌─────┘
Leitura   ┌───────┘
   ┌──────┘
```

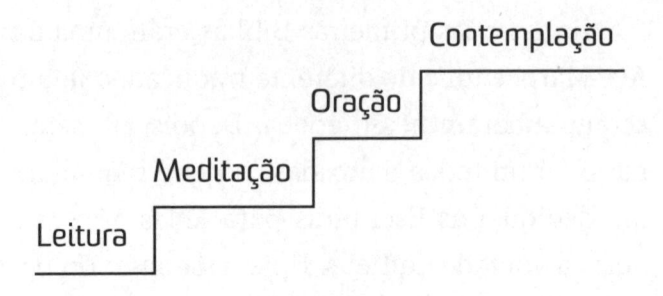

Para mim, contemplar a Palavra é quando você a aplica em ações, na sua maneira de ver as coisas. A Palavra encarna na sua vida, e você a reluz para os outros. Assim como quando Moisés falava com Deus e seu rosto brilhava tanto que ele tinha que usar um véu, nossa face, nossa vida, tem que brilhar com a Palavra de Deus, para que aqueles que nos veem enxerguem Cristo.

Como diz a famosa frase: "Às vezes, você é a única Bíblia que os outros vão ler!", sua vida tem que se moldar à Palavra de Deus.

Então, atualmente, medito nas Escrituras e colho a mensagem de Deus. Tenho no meu tablet várias traduções das Escrituras, e gosto muito de comparar versões, porque isso nos faz entender melhor e meditar na Palavra. Durante o dia, relembro a passagem ou até mesmo o versículo que li de manhã. Assim, a Palavra vai me formando e sendo o meu sustento.

Por isso, convido você a deixar a Palavra te formar. Você pode usar o método do padre Jonas, que é muito bom, ainda mais para quem nunca leu as Escrituras integralmente. Ou usar o método da *lectio divina*, que também é transformador, e verá como a Escritura tem o poder de retirar nossa angústia, medo e maus pensamentos. A Palavra é o remédio que cura todas as doenças; faça a experiência, e você verá.

O importante é criar o hábito de estar em contato com as Escrituras diariamente, porque assim sua intimidade com Deus aumenta. Como disse, a Bíblia é uma pessoa, porque Jesus é a Palavra. Ao ler a Palavra de Deus, você estará em contato com Jesus e se deixará formar por Ele; você se coloca no molde que é Deus. A Palavra te molda e te dá a forma do certo, do que é do céu. Por isso, a Palavra nos transforma e nos cura totalmente, desde que façamos isso com um coração aberto e pratiquemos o que nos é proposto.

Para os momentos de angústia, convido você, leitor ou leitora, a rezar junto comigo:

> Senhor Jesus, eu te peço que esta pessoa, que está lendo este livro e tem angústias, possa ser tocada; que pelo poder do teu Espírito Santo toda a angústia saia dela. Que a tua Palavra seja o auxílio e o sustento dela. Que ela possa experimentar a tua Palavra, um remédio eficaz para nossos males e angústias. Vem retirar toda a opressão no peito, todo tipo de aflição, e coloca a paz que vem de Ti, que supera todo o entendimento. Eu peço um derramar do teu Espírito sobre esta pessoa; que ela se apaixone pelas Escrituras e venha a entender a tua Palavra. Que, nos momentos de dificuldade e opressão, ela possa ter na Palavra de Deus um refúgio, e que a Bíblia possa dar serenidade ao interior e aos pensamentos dela. Vem, Espírito Santo! Esvazia dentro desta pessoa todas as angústias e dá a tua graça para que ela seja cheia de Ti, Santo Espírito. Que a paz que excede todo conhecimento esteja com ela em sua vida e em seus pensamentos.
>
> Obrigado, Jesus.

"Não foi uma erva nem algum unguento que os curou, mas a vossa palavra que cura todas as coisas, Senhor" (Sabedoria 16,12).[74]

Capítulo 6

Inveja

Significados de *inveja* no dicionário Priberam:[75]

1. Desgosto pelo bem alheio;
2. Desejo de possuir o que outro tem, geralmente, acompanhado de ódio pelo possuidor.

Certa vez, escutei um psiquiatra falando que a inveja não é só querer ter o que o outro tem; às vezes, é pior: a pessoa não quer que o outro tenha essas coisas. Pode ser inveja de bens materiais: inveja da casa, do carro etc. E também da família, do marido, da esposa, dos filhos, dos pais ou dos irmãos. Outras vezes, é inveja da carreira, da aparência ou da profissão. E há a inveja dos dons: da sua alegria ou do seu jeito de ser. São tantos tipos de inveja que permeiam nossa vida... Até dentro da Igreja vemos isto: pessoas lutando para estar no lugar do outro; prejudicando o próximo com fofocas e calúnias; tudo movido por inveja. É muito triste ver isso no mundo, mas é muito mais triste ver isso dentro de nossas comunidades.

Em Atos 17,4-5 temos:[76]

"Alguns deles foram persuadidos e se juntaram a Paulo e Silas. O mesmo aconteceu com numerosa multidão de gregos piedosos e muitas mulheres importantes. Os judeus, porém, movidos de inveja, trazendo consigo alguns homens maus dentre a malandragem, reuniram uma multidão e provocaram um tumulto na cidade. E, atacando de surpresa a casa de Jasom, procuravam trazer Paulo e Silas para o meio do povo."

São Paulo anunciou a boa nova do Evangelho, e muitos se converteram; os judeus, movidos por inveja, tentaram fazer mal a ele. Quantas vezes estamos tentando fazer a coisa certa, e algumas pessoas se levantam contra nós por causa da inveja?

Em outra passagem, na carta aos Filipenses 1,15,[77] São Paulo fala: "É verdade que alguns proclamam Cristo por inveja e rivalidade; mas outros o fazem de boa vontade". Nem sempre se pregava o Evangelho por amor, mas por inveja de São Paulo, e também rivalidade, tentando dividir as pessoas. Mesmo assim, São Paulo diz que, seja por amor, seja por inveja, quer que mais pessoas conheçam a Deus.

Precisamos policiar nosso coração para que só o amor guie nossas atitudes.

Infelizmente, já vi muitas pessoas serem prejudicadas pela inveja alheia; por isso, sempre falo que temos que ter sabedoria e discernimento quanto a quem falamos de nossa vida e de nossos sonhos. Infelizmente, nem todos torcem pela nossa vitória e por nossas conquistas. Por isso, temos que rezar e sempre pedir que Deus nos proteja e que abençoe essas pessoas que nos querem mal e têm inveja de nós.

Faça sempre a oração da couraça de São Patrício; essa oração é poderosa e quebra toda a inveja que vem sobre nós:

Cristo comigo,
Cristo à minha frente,
Cristo atrás de mim,

Cristo em mim,
Cristo abaixo de mim,
Cristo sobre mim,
Cristo à minha direita,
Cristo à minha esquerda,
Cristo quando me deito,
Cristo quando me sento,
Cristo quando me levanto,
Cristo no coração de todo homem que pensa em mim,
Cristo na boca de quem fala de mim,
Cristo em todo olho que me vê,
Cristo em todo ouvido que me ouve.

A inveja é um pecado capital que faz mal para nós. A inveja contra nós é ruim, mas nós temos que prestar atenção. Quando passamos por situações difíceis, o inimigo espiritual também vem com a tentação de termos inveja dos outros por meio da comparação. Quando percebemos, devemos cortá-la na hora.

Por isso, a intimidade com Jesus, por meio da oração e da leitura das Escrituras, nos ajuda a não dar brecha para o inimigo espiritual nos contaminar com a inveja. A pior coisa que existe é a comparação; precisamos entender que Deus fez cada pessoa única, com dons e virtudes. Querer se comparar com o outro destrói a sua felicidade.

São Paulo, em sua carta aos Filipenses 4,11-13, diz:[78]

"Digo isto, não porque esteja necessitado, porque aprendi a viver contente em toda e qualquer situação. Sei o que é passar necessidade e sei também o que é ter em abundância; aprendi o segredo de toda e qualquer circunstância, tanto de estar alimentado como de ter fome, tanto de ter em abundância como de passar necessidade. Tudo posso naquele que me fortalece."

Ser agradecido é a porta da felicidade; podemos ter sonhos e o desejo de melhorar a nossa vida, mas aprender a ser grato pelo que já temos é essencial para a felicidade. Quando nos comparamos com os outros, acabamos nos tornando amargos e sempre mal-humorados; nunca estamos felizes.

Um dia escutei uma historinha: Um homem tinha comprado um celular novo e mostrava para todos o aparelho. Estava feliz, realizado e bem-humorado, até que chegou um amigo que também tinha comprado um celular novo, porém muito mais avançado e caro. A alegria e o bom humor daquele primeiro homem acabaram na hora; a inveja tomou conta do coração dele. Ele se comparou ao outro, e sua felicidade logo acabou.

Isso pode acontecer com tudo na vida; em vez de se alegrar e agradecer a Deus pelas conquistas e presentes do dia a dia, as pessoas se comparam ao que os outros têm. Sempre haverá alguém que terá mais do que você; isso é uma realidade. Aprender a se contentar com o que tem é necessário. Mas, para isso, você tem que mudar seus pensamentos.

A inveja começa pela mania de se comparar, e isso tem início nos seus pensamentos. É preciso encher a sua mente de gratidão e mudar seu mau hábito por um bom. Na Bíblia, Deus dá a Moisés os Dez Mandamentos, e um deles é: "Não cobice a casa do seu próximo. Não cobice a mulher do seu próximo, nem o seu servo, nem a sua serva, nem o seu boi, nem o seu jumento, nem coisa alguma que pertença ao seu próximo" (Êxodo 20,17).[79]

Cobiçar é ter inveja; é um pecado que desagrada a Deus. É um pecado que entristece Jesus. Em outra passagem, diz: "Não tenha inveja dos pecadores; pelo contrário, persevere no temor do Senhor todo o tempo" (Provérbios 23,17).[80]

Não podemos invejar aqueles que não seguem a Deus; devemos nos perseverar no caminho do bem. Mas, para isso, temos que conhecer a vontade de Deus, e como conhecemos a vontade de Deus? Pela sua Palavra, que é um manual de vida para nós.

Salomão, o homem mais sábio do Antigo Testamento, diz: "Então vi que toda fadiga e toda habilidade no trabalho provêm da inveja do ser humano contra o seu próximo. Também isto é vaidade e correr atrás do vento" (Eclesiastes 4,4).[81]

Muitas das coisas que fazemos e queremos mais e mais são, por vezes, fruto de inveja, porque queremos ter mais que o outro. E nossa sociedade faz isto: espalha uma ambição desmedida, uma comparação em tudo e uma competição terríveis.

Com a Palavra de Deus, somos corrigidos e mudamos a rota de nossa caminhada, porque a Bíblia é como um espelho: quando lemos, nos vemos e percebemos nossas falhas para podermos mudar de vida.

Olha o que São Tiago nos diz: "Se, pelo contrário, vocês têm em seu coração inveja amargurada e sentimento de rivalidade, não se gloriem disso, nem mintam contra a verdade" (Tiago 3,14).[82]

"Vocês cobiçam e nada têm; matam e sentem inveja, mas nada podem obter; vivem a lutar e a fazer guerras. Nada têm, porque não pedem; pedem e não recebem, porque pedem mal, para esbanjarem em seus prazeres" (Tiago 4,2-3).[83]

São Tiago fala que onde há cobiça e inveja, há guerras e desentendimentos, muitas vezes por prazeres. Precisamos refletir e ver se há inveja em nós. Hoje, em tempos de redes sociais, somos expostos à vida alheia vinte e quatro horas por dia, assim como nossa vida também é exposta. É uma moeda de dois lados!

Em nome de Jesus, quebramos a inveja que vem sobre nós; por isso, temos que ter sabedoria quanto ao que postamos nas redes sociais. E, do outro lado, ter um olhar grato ao ver as postagens dos outros; não permitindo que a alegria dos outros nos cause inveja. Ao contrário! Devemos nos alegrar com eles! Quando fazemos isso, nossa vida ganha um colorido; abençoar as pessoas e querer o bem delas é libertador para nós porque não damos chance à comparação instigada pelo inimigo espiritual.

Quer ser feliz de verdade? Ter uma paz que excede todo conhecimento, como diz a Bíblia? Basta ter os mesmos sentimentos de Jesus! Mas para sermos parecidos com Jesus, primeiro, temos que nos despojar de nós mesmos – nossos egoísmos, nossas vaidades, nossas ambições desmedidas – e deixar espaço para Deus habitar em nós.

Em lugar cheio, ninguém consegue entrar; tem que esvaziar primeiro para depois preencher. Deus só pode nos preencher com seu Santo Espírito quando nos esvaziamos de nós mesmos. E aí podemos dizer como João Batista em João 3,30: "Que Ele (Cristo) cresça e eu diminua".[84]

São João nos adverte em sua carta: "Não amem o mundo, nem as coisas que há nele. Se vocês amam o mundo, não amam a Deus, o Pai. Nada que é deste mundo vem do Pai. Os maus desejos da natureza humana, a vontade de ter o que agrada aos olhos e o orgulho pelas coisas da vida, tudo isso não vem do Pai, mas do mundo. E o mundo passa, com tudo aquilo que as pessoas cobiçam; porém aquele que faz a vontade de Deus vive para sempre" (1 João 2,15-17).[85]

Podemos ter sonhos nesta vida; isso não é o problema. Mas, quando a cobiça e o desejo de ter coisas deste mundo retiram o Senhor do centro, acabamos perdendo a vontade de Deus, e o inimigo nos enche de prazeres que não nos levarão para o céu. A inveja acaba fazendo parte da nossa vida.

Uma amiga me disse que seu psiquiatra afirmou que, para ele, o mal do século não é a ansiedade nem a depressão, mas a inveja, que causa um dano à saúde mental da pessoa. Ela fica cega pela inveja, e todo tipo de medos, tristezas e ansiedades vêm em seus sentimentos e afetam seus pensamentos, ainda mais neste tempo de redes sociais.

Meu filho, minha filha, precisamos ser sábios nestes tempos em que vivemos; precisamos de **PDS**: **P**rudência, **D**iscernimento e **S**abedoria. Para isso, precisamos da força do Espírito Santo, para que rememos contra a maré deste mundo; temos que ser gratos. A gratidão nos devolve a saúde mental.

Li uma frase que me fez refletir muito: "Você não guarda comida estragada dentro da geladeira, então por que guarda sentimentos estragados dentro de você?". Não podemos deixar os sentimentos de inveja, a raiva, a mágoa e os maus pensamentos ficarem guardados em nosso coração, porque, assim, nossa saúde mental é prejudicada. Temos que fazer uma faxina em nosso interior e pedir a graça de Deus para que todo o mal saia de nós.

Quando tais sentimentos ruins tomarem conta da sua mente, convido você, leitor ou leitora, a rezar comigo:

> Jesus, meu Senhor e Salvador, venho diante de Ti para que o Senhor me lave e me liberte de todo o mal; que o teu sangue me purifique. Que toda a inveja que esteja sobre mim – seja de onde for – o Senhor quebre; que nada de mal aconteça comigo nem com minha família, pois o teu amor e cuidado velam por nós. Mas, agora, quero pedir também que o Senhor faça uma faxina no meu interior; que saia de mim toda comparação que possa haver. Que eu aprenda a ser uma pessoa verdadeiramente grata; que eu possa me alegrar com as vitórias dos outros; que meu coração seja leve e totalmente livre de inveja. Não permita, meu Deus, que o inimigo semeie inveja no meu coração. Ao contrário! Que eu aprenda a me contentar com o que tenho e nunca mais me compare com os outros. Eu peço isso pelo poder do teu nome, Jesus, e peço mais: batiza-me no teu Espírito Santo para que eu tenha os mesmos sentimentos que o Senhor. Que eu diminua e o Senhor cresça em mim. Jesus, eu perdoo a todos que tiveram e têm inveja de mim e peço perdão pelas vezes em que tive inveja dos outros. Obrigado, meu Deus.
> Amém.

Capítulo 7

Mágoa, ressentimento, raiva

Significado de *mágoa* no dicionário Priberam:[86]

1. Efeito de magoar;
2. (Figurado) Tristeza; desgosto; dor de alma; amargura.

Significado de *ressentimento* no dicionário Priberam:[87]

1. Ato ou efeito de se ressentir;
2. Lembrança magoada de ofensa recebida.

Significado de *raiva* no dicionário Priberam:[88]

1. Sentimento de fúria intensa que pode manifestar-se através de agressividade física ou

verbal (ex.: arrancou punhados de cabelo num acesso de raiva). = CÓLERA, IRA;

2. Grande irritação ou aversão em relação a algo ou alguém (ex.: ficou com muita raiva do companheiro; ainda subsiste alguma raiva pelos antigos patrões; tenho raiva das pessoas que maltrataram aqueles meninos). = HORROR, ÓDIO, RANCOR.

Nestes anos em que acompanho as pessoas como padre, percebo que muitas vezes o que desencadeia um desequilíbrio e afeta a saúde mental é quando elas são magoadas ou decepcionadas por alguém. Nasce uma mágoa, uma raiva ou um ressentimento, o que provoca todo tipo de maus pensamentos e até vingança, podendo chegar ao ódio. Mas vamos por partes, começando pela mágoa e pelo ressentimento.

Mágoa e ressentimento

Quando somos magoados e decepcionados, ficamos feridos internamente, e nascem sentimentos de injustiça dentro de nós. Muitas pessoas até me disseram que surge uma vontade de se vingar de quem fez mal a elas. Mas somos cristãos. Vamos ver nas Escrituras diversas passagens em que Jesus ensina que não devemos pagar na mesma moeda; ao contrário, devemos dar a outra face.

"— Mas eu digo a vocês que estão me ouvindo: amem os seus inimigos e façam o bem para os que odeiam vocês. Desejem o bem para aqueles que os amaldiçoam e orem em favor daqueles que maltratam vocês. Se alguém lhe der um tapa na cara, vire o outro lado para ele bater também. Se alguém tomar a sua capa, deixe que leve a túnica também. Dê sempre a qualquer um que lhe pedir alguma coisa; e, quando alguém tirar o que é seu, não peça de volta. Façam aos outros a mesma coisa que querem que eles façam a vocês" (Lucas 6,27-31).[89]

Jesus nos ensina como devemos agir quando sofremos uma injustiça ou uma decepção: temos que perdoar e abençoar essas pessoas. Em outra passagem das Escrituras, São Paulo nos diz: "Não paguem a ninguém o mal com o mal. Procurem agir de tal maneira que vocês recebam a aprovação dos outros. No que depender de vocês, façam todo o possível para viver em paz com todas as pessoas. Meus queridos irmãos, nunca se vinguem de ninguém; pelo contrário, deixem que seja Deus quem dê o castigo. Pois as Escrituras Sagradas dizem: 'Eu me vingarei; eu acertarei contas com eles', diz o Senhor" (Romanos 12,17-19).[90]

Devemos viver em paz com os outros, mas, para isso, temos que ser amorizados. Sei que muitos de vocês leram meu livro *Amorização: a cura do coração – um diário espiritual*,[91] no qual falo sobre o ato de sermos curados em relação aos nossos inimigos. Estou trazendo este tópico aqui porque vejo que muitos sofremos com isto: aprender a perdoar e deixar de se ressentir dos que nos fizeram mal.

Como o coração e a mente estão conectados, a falta de perdão influencia nossa saúde mental. Ao longo dos anos, venho percebendo como as pessoas mais sensíveis, que se magoam com mais facilidade, têm uma tendência à tristeza, à depressão e às ansiedades diversas. Precisamos escutar as palavras de Jesus e pedir a graça d'Ele para que possamos liberar perdão para aqueles que nos feriram.

Como vivemos em tempos difíceis, e muitas pessoas são movidas por seus impulsos egoístas, é muito mais fácil sermos magoados e feridos hoje em dia. Nossa sociedade competitiva não gera unidade, mas divisão, criando comportamentos que afetam e machucam uns aos outros.

Só que nunca devemos nos esquecer de que somos cristãos e que queremos ser parecidos com Jesus; então devemos aprender com Ele. Por isso, o Santo Papa pede para andarmos pelo menos com um Evangelho de bolso para meditarmos durante nosso tempo livre, porque os Evangelhos mostram o que Jesus viveu e pediu; assim, podemos nos moldar a Ele.

Nossos sentimentos têm que ser curados pelo poder da oração e pela Palavra de Deus. Como diz em Sabedoria 16,12: "Não foi uma erva nem algum unguento que os curou, mas a vossa palavra que cura todas as coisas, Senhor".[92] A Palavra de Deus cura todas as coisas e tem poder para curar suas mágoas e ressentimentos. Não fique remoendo o passado nem o que te fizeram. Deixe esses pesos que você carrega nas mãos de Jesus.

> **Renove seus pensamentos e sentimentos em Cristo Jesus. Leia a Palavra de Deus e tome um banho nessas palavras que te darão força para perdoar e abençoar quem te fez mal. Você merece ser feliz; e o perdão faz você saudável, principalmente mentalmente.**

Trechos bíblicos para lidar com a mágoa e o ressentimento

"— Portanto, orem assim: 'Pai nosso, que estás no céu, santificado seja o teu nome; venha o teu Reino; seja feita a tua vontade assim na terra como no céu; o pão nosso de cada dia nos dá hoje; e perdoa-nos as nossas dívidas, assim como nós também perdoamos aos nossos devedores; e não nos deixes cair em tentação; mas livra-nos do mal' [pois teu é o Reino, o poder e a glória para sempre. Amém!]'. — Porque, se perdoarem aos outros as ofensas deles, também o Pai de vocês, que está no céu, perdoará vocês; se, porém, não perdoarem aos outros as ofensas deles, também o Pai de vocês também não perdoará as ofensas de vocês" (MATEUS 6,9-15).[93]

* * *

"Então Pedro chegou perto de Jesus e perguntou: — Senhor, quantas vezes devo perdoar meu irmão que peca contra mim? Sete vezes?
— 'Não!' — respondeu Jesus. — 'Você não deve perdoar sete vezes, mas setenta vezes sete'" (MATEUS 18,21-22).[94]

Raiva

Percebo que depois da pandemia as pessoas estão mais estressadas; ficam raivosas e estão com o pavio curto; explodem muito fácil por pouca coisa. É como uma panela de pressão pronta para estourar. Muitas amizades, casamentos e famílias estão se deteriorando por causa das palavras ditas na hora da raiva ou do nervosismo. É só você parar para pensar em quantas vezes se arrependeu de ter falado algo em um momento de raiva, e isso acabou machucando alguém; às vezes, a amizade até mesmo acabou.

Podemos cometer grandes pecados por causa da raiva. Na Bíblia, em 1 Samuel 25, ficamos sabendo como Davi ficou com raiva de Nabal e quase provocou um verdadeiro extermínio. Você pode ler na sua Bíblia o texto inteiro, mas vou resumir com minhas palavras.

Davi morava no deserto. Naquela época, ele fugia do rei Saul, e alguns homens se juntaram para viver com Davi, formando um bando. Perto dali, estava uma terra chamada Carmelo, onde morava um homem muito rico de nome Nabal; ele ia tosquiar suas ovelhas. Então Davi enviou dez jovens para pedir comida e provisão para seu bando, porque eles protegiam os trabalhadores de Nabal quando saíam para trabalhar perto do local onde Davi residia, e nada de mal acontecia com eles.

Mas Nabal era rude e disse: "Quem é Davi? Não vou dar minha comida para ele e seu bando". Quando os dez jovens voltaram e contaram isso a Davi, ele ficou muito irado e disse ao seu bando: "Cinjam suas espadas!". Nesse meio-tempo, os trabalhadores de Nabal contaram à esposa dele, Abigail, o que Nabal tinha feito. Abigail rapidamente mandou pegar comida e foi ao encontro de Davi levar as provisões. Quando se encontraram, Abigail pediu perdão pelo fato de o marido ser um tolo.

Então Davi disse que Abigail cessou o que seria um derramamento de sangue na casa de Nabal; não sobraria nada dele. Depois Davi foi embora, porque Abigail, com sabedoria, fez cessar a raiva dele. E ela voltou para sua casa. No dia seguinte, foi contar ao marido o que ia acontecer com ele; ele ficou como pedra, e dez dias depois morreu. Davi não precisou se vingar; quem faz mal acaba colhendo o mal.

Podemos perceber que a raiva brotou em Davi pelas palavras insensatas de Nabal, mas ela cessou pelas palavras sábias e pela ação de Abigail. Assim é que acontece: palavras tolas e sem sabedoria geram raiva; enquanto as sensatas ditas em momento oportuno cessam a raiva. Precisamos pedir a Deus essa sabedoria para calar na hora certa, mas também para falar no momento certo.

Na Bíblia, temos várias passagens sobre raiva, ou também sobre seu sinônimo, ira. Vejamos algumas delas:

Falar menos e na hora certa
"Vocês sabem estas coisas, meus amados irmãos. Cada um esteja pronto para ouvir, mas seja tardio para falar e tardio para ficar irado. Porque a ira humana não produz a justiça de Deus" (Tiago 1,19-20).[95]

A palavra rude produz a raiva, ira
"A resposta branda desvia o furor, mas a palavra dura suscita a ira" (Provérbios 15,1).[96]

Quem mantém a calma
"Quem tarda em irar-se é grande em entendimento, mas o que facilmente perde a calma faz um elogio à loucura" (Provérbios 14,29).[97]

Quem tem autocontrole
"O tolo derrama toda a sua ira, mas o sábio se domina e a reprime" (Provérbios 29,11).[98]

Ira, raiva, são obras da carne
"Ora, as obras da carne são conhecidas e são: imoralidade sexual, impureza, libertinagem, idolatria, feitiçarias, inimizades, rixas, ciúmes, iras, discórdias, divisões, facções, invejas, bebedeiras, orgias e coisas semelhantes a estas. Declaro a vocês, como antes já os preveni, que os que praticam tais coisas não herdarão o Reino de Deus" (Gálatas 5,19-21).[99]

Assim como o perdão é a chave para não ter mágoa e ressentimento, a chave contra a raiva é o silêncio. Meu pai sempre me ensinou que, quando acontece algo conosco, devemos manter a calma e o silêncio; rezar para depois conversar. Porque tudo o que é dito num momento de sangue quente ou de raiva faz com que nos arrependamos e falemos coisas que podem causar danos.

Palavras ditas no ímpeto de uma briga ou desentendimento acabam com famílias; perde-se emprego e grandes amizades. Por isso, repito: o que precisamos nestes tempos que vivemos é de **PDS** – **P**rudência, **D**iscernimento e **S**abedoria. E, para termos **PDS**, precisamos da graça de um batismo no Espírito Santo, que nos dá fome e sede pela oração e pela Palavra de

Deus. Sozinhos nada podemos; mas na força do Espírito Santo tudo pode ser mudado. Deus faz novas todas as coisas, e Ele quer fazer de nós novas criaturas.

Eu convido você, leitor ou leitora, a rezar junto comigo, para nos livrarmos da mágoa, do ressentimento e da raiva:

Pai, em nome de Jesus, nós pedimos perdão ao Senhor pelas vezes em que guardamos mágoas, ressentimentos, raivas e até mesmo ódios das pessoas. Que o sangue poderoso de Jesus nos lave e nos liberte de tudo isso; que possamos receber a graça de perdoar aqueles que ao longo de nossa vida nos decepcionaram, nos feriram, nos traíram ou nos caluniaram; que puxaram o nosso tapete. Enfim, todas as coisas más que fizeram contra nós. Que todas as palavras raivosas e todo o ódio contra nós caiam por terra. Nós aceitamos perdoar e aceitamos ser libertos desse peso que carregávamos. Mas também, neste momento, queremos pedir pelas vezes em que ferimos alguém mesmo sem querer; pelas vezes em que nossas palavras machucaram os outros; pelas amizades desfeitas por mal-entendidos; enfim, pedimos perdão. Que o teu amor, Pai, na pessoa do teu Filho Jesus, nos alcance hoje e nós sejamos libertos de todo o mal dentro e ao redor de nós. Obrigado, meu

Deus, por esta libertação que está acontecendo agora em nós; pelo poder do Espírito Santo, somos novas criaturas.

Amém.

Capítulo 8

Depressão

Significado de *depressão* no dicionário Priberam:[100]

1. [Figurado] Enfraquecimento, abatimento físico ou moral.
Depressão mental:
1. Perturbação mental caracterizada pela ansiedade e pela melancolia.
Depressão nervosa:
1. Estado patológico de sofrimento psíquico assinalado por um abaixamento do sentimento de valor pessoal, por pessimismo e por uma inapetência face à vida.

No meu livro, *Batismo de fogo*,[101] falei sobre a depressão por que passei, um tempo em que a vida ficou sem cor e tudo ficou sem gosto. Eu, que antes achava que era frescura, mesmo quando Deus me usava para tirar outras pessoas da depressão, tive que sentir na pele essa dificuldade, essa doença.

Pessoas de Deus passam por depressão; isso não significa falta de fé. Elias passou por depressão após vencer os sacerdotes de Baal. A rainha Jezabel, irada, disse que o mataria. Ele, com medo, fugiu e começou a entrar em depressão; sentiu-se isolado e com vontade de morrer. Podemos ler isso nas Escrituras; depois, vemos como Deus trabalhou no profeta Elias para que ele superasse a doença. Vale a pena ler em 1 Reis 19.

Outra personagem da Bíblia que passou por depressão foi Noemi, no livro de Rute. Ela perdeu o marido e os filhos. E a nora, Rute, acabou cuidando dela e voltaram para a terra de Israel. Mas ela estava tão deprimida que pediu para as pessoas que a chamassem de Mara, que no idioma deles significava amarga. Mas Deus usou Rute e devolveu a dignidade a Noemi.

Também vemos no livro de Tobias, quando Tobit e Sara passaram por infortúnios. Tobit ficou cego e Sara perdeu sete maridos e era considerada maldita; por isso, ambos pediram a Deus que morressem. Mas Deus enviou o anjo Rafael e tudo mudou na vida deles. É um dos livros do Antigo Testamento mais lindos de se ler; vale a pena dedicar um tempo a ele; são catorze capítulos.

Jesus passou por uma tristeza mortal no Getsêmani, e Ele sabe o que você sente com a depressão: "Foram em seguida para o lugar chamado Getsêmani, e Jesus disse a seus discípulos: 'Sentai-vos aqui, enquanto vou orar'. Levou consigo Pedro, Tiago e João; e começou a ter pavor e a angustiar-se. Disse-lhes: 'A minha alma está numa tristeza mortal; ficai aqui e vigiai'. Adiantando-se alguns passos, prostrou-se com a face por terra e orava que, se fosse possível, passasse dele aquela hora. 'Abá! (Pai!)', suplicava ele. 'Tudo te é possível; afasta de mim este cálice! Contudo, não se faça o que eu quero, senão o que tu queres'" (Marcos 14,32-36).[102]

E, por último, quero destacar o profeta Jeremias, que durante toda a vida sofreu por pregar a palavra do Senhor e teve sentimentos de tristeza. Mas ele perseverou, porque tinha fé em Deus.

Assim, em nossa vida, não estamos livres de passar por tribulações; ao contrário! Jesus disse em São João 16,33: "No mundo haveis de ter aflições. Coragem! Eu venci o mundo".[103] Vamos passar por altos e baixos, mas devemos nos abastecer das palavras de Deus.

Muitas vezes entramos em depressão ou melancolia porque perdemos nosso foco. São tantas coisas que nos envolvem: problemas, agitações do dia a dia, que tiramos nosso olhar de Deus. Começamos a ter ansiedade, medos e temores, e esquecemos que Deus está no controle de todas as coisas. Podemos descansar Nele. Por isso, seja qual for o problema que você esteja passando, coloque sua confiança em Deus; tenha fé nas promessas d'Ele para você.

Você pode me perguntar: "Padre, como ter fé?". Em Romanos 10,17, São Paulo diz: "A fé *vem* pelo ouvir, e o ouvir pela Palavra de Deus".[104] Precisamos ler a Palavra; se puder escutar as Escrituras, também é bom. Hoje, existem aplicativos gratuitos no celular cujo áudio da Bíblia está em português; você pode escutar enquanto trabalha em casa. E, quando tiver um tempinho livre, pode pegar sua Bíblia física ou no celular e ler pelo menos quinze minutos.

Quanto mais a leitura da Palavra de Deus entrar no seu coração, mais a fé crescerá em seu coração, porque substituirá as inverdades ditas pelo mundo que chegam até você pelas redes sociais, TV e internet, colocando em seu lugar a verdade contida nas Escrituras.

Tenho uma amiga que me disse que comprou pela internet um pen drive da Bíblia narrada pelo Cid Moreira. Como ela passa muito tempo dirigindo, vai diariamente a escutando pelo caminho. Ache um jeito de a Palavra de Deus entrar na sua mente, e você verá seu equilíbrio e sua saúde mental crescerem; faça essa experiência.

Precisamos, nestes tempos difíceis em que estamos vivendo, investir em momentos para nos conectarmos com Deus. Como os padres beneditinos fazem: *"ora et labora"* (ore e trabalhe). Como dizia o padre Jonas: orar no ritmo da vida; temos que ter essa intimidade com Deus para termos forças para superar tantas adversidades que nos abatem.

Quem me conhece sabe do amor que sempre tive pelo padre Jonas Abib; quantas palestras escutei dele! Antes, eram aquelas fitas cassete que minha mãe comprava e muitas vezes eu escutava. E, hoje, pelo YouTube, no Canção Nova Play, temos disponíveis centenas de pregações dele.

Na época da pandemia, escutei uma pregação dele chamada "Selados pela palavra",[105] em que ele fala como a Palavra de Deus nos manterá de pé nas dificuldades da vida. Ele fala de como é essencial termos nossa Bíblia – ler, riscar, viver! Assim como o padre Jonas tanto pregou sobre a importância da leitura e do contato diário com as Escrituras, eu venho experimentando isso em minha vida, e posso dizer que as Escrituras realmente nos mantêm de pé.

Em Hebreus 1,3, temos: [106]

"O Filho, que é o resplendor da glória de Deus e a expressão exata do seu Ser, sustentando todas as coisas pela sua palavra poderosa, depois de ter feito a purificação dos pecados, assentou-se à direita da Majestade, nas alturas."

Olhe o que está escrito: Jesus sustenta todas as coisas pela sua palavra poderosa. É isso! Somos sustentados pela Palavra de Deus; está aí a chave para uma vida com saúde mental combatendo a depressão: sermos homens e mulheres das Escrituras! Precisamos ter fome e sede da Palavra de Deus para vencer todo o mal! Lembre-se de que São Paulo diz que a Palavra é uma espada na armadura do cristão em Efésios 6; com ela lutamos contra todo tipo de mal.

Na Bíblia, diz-se que a Palavra é ESPADA em Hebreus 4,12 (porque divide os pensamentos e propósitos do coração); que a Palavra de Deus é um martelo, em Jeremias 23,29 (porque despedaça a rocha, que é o mal); a Palavra é um escudo em Provérbios 30,5 ("Toda palavra de Deus é pura; ele é escudo para os que nele confiam.");[107] a Palavra de Deus é luz nos Salmos 119,105 ("Lâmpada para os meus pés é a tua palavra; ela é luz para os meus caminhos.");[108] a Palavra de Deus é espelho em São Tiago 1,23-24 ("Porque, se alguém é ouvinte da palavra e não praticante, assemelha-se àquele que contempla, num espelho, o seu rosto natural; pois contempla a si mesmo, e se retira, e para logo se esquecer de como era a sua aparência.").[109]

Precisamos da Palavra de Deus para vencer a depressão, o desânimo e o abatimento que vêm em nossa vida.

Versículos que nos inspiram coragem

Para te ajudar vencer a depressão, medite com alguns versículos bíblicos:

"Moisés chamou Josué e lhe disse na presença de todo o Israel: — Seja forte e corajoso, porque, com este povo, você entrará na terra que o Senhor, sob juramento, prometeu dar a seus pais; e você os fará herdá-la. O Senhor é quem irá à sua frente. Ele estará com você, não o deixará, nem o abandonará. Não tenha medo, nem fique assustado" (DEUTERONÔMIO 31,7-8).[110]

✳ ✳ ✳

"Seja forte e corajoso, porque você fará este povo herdar a terra que, sob juramento, prometi dar aos pais deles. Tão somente seja forte e muito corajoso para que você tenha o cuidado de fazer segundo toda a Lei que o meu servo Moisés lhe ordenou. Não se desvie dela, nem para a direita nem para a esquerda, para que seja bem-sucedido por onde quer que você andar. Não cesse de falar deste Livro da Lei; pelo contrário, medite nele dia e noite, para que você tenha o cuidado de fazer segundo tudo o que nele está escrito; então você prosperará e será bem-sucedido. Não foi isso que eu ordenei? Seja forte e corajoso! Não tenha medo, nem fique assustado, porque o Senhor, seu Deus, estará com você por onde quer que você andar" (JOSUÉ 1,6-9).[111]

* * *

"Louvado seja o Deus e Pai do nosso Senhor Jesus Cristo, o Pai bondoso, o Deus de quem todos recebem ajuda! Ele nos auxilia em todas as nossas aflições para podermos ajudar os que têm as mesmas aflições que nós temos. E nós damos aos outros a mesma ajuda que recebemos de Deus. Porque, assim como tomamos parte nos muitos sofrimentos de Cristo, assim também, por meio dele, participamos da sua grande ajuda" (2 CORÍNTIOS 1,3-5).[112]

"E não vivam conforme os padrões deste mundo, mas deixem que Deus os transforme pela renovação da mente, para que possam experimentar qual é a boa, agradável e perfeita vontade de Deus" (ROMANOS 12,2).[113]

* * *

"Não fiquem com medo, pois estou com vocês; não se apavorem, pois eu sou o seu Deus. Eu lhes dou forças e os ajudo; eu os protejo com a minha forte mão" (ISAÍAS 41,10).[114]

* * *

"Por que você está abatida, ó minha alma? Por que se perturba dentro de mim? Espere em Deus, pois ainda o louvarei; a ele, meu auxílio e Deus meu" (SALMOS 42,11).[115]

* * *

"Alguém de vocês está sofrendo? Faça oração. Alguém está alegre? Cante louvores" (TIAGO 5,13).[116]

* * *

"A ansiedade no coração pode abater alguém, mas uma boa palavra traz alegria" (PROVÉRBIOS 12,25).[117]

"O Senhor Deus me deu o seu Espírito, pois ele me escolheu para levar boas notícias aos pobres. Ele me enviou para animar os aflitos, para anunciar a libertação aos escravos e a liberdade para os que estão na prisão. Ele me enviou para anunciar que chegou o tempo em que o Senhor salvará o seu povo, que chegou o dia em que o nosso Deus se vingará dos seus inimigos. Ele me enviou para consolar os que choram, para dar aos que choram em Sião uma coroa de alegria, em vez de tristeza, um perfume de felicidade, em vez de lágrimas, e roupas de festa, em vez de luto. Eles farão o que é direito; serão como árvores que o Senhor plantou para mostrar a todos a sua glória" (ISAÍAS 61,1-3).[118]

* * *

"Fortaleçam as mãos cansadas; deem firmeza aos joelhos fracos. Digam aos desanimados: 'Não tenham medo; animem-se, pois o nosso Deus está aqui. Ele vem para nos salvar, ele vem para castigar os nossos inimigos'" (ISAÍAS 35,3-4).[119]

Há muitas outras promessas na Bíblia para derrotar o medo e o desânimo, tudo o que pode levar à depressão. Por isso, ler e deixar as Escrituras te preencherem é um remédio eficaz na luta contra a depressão.

Para isso, agora, eu convido você, leitor ou leitora, a rezar junto comigo:

> Senhor Jesus, eu te peço neste momento por todas as pessoas que estão passando por depressão, desânimo e tristeza mortal. Vem com o teu sangue lavar cada uma delas; dá coragem e disposição para elas passarem por esta etapa na oração e na leitura das Escrituras. Que elas se fortaleçam e superem toda depressão e sejam canais e instrumentos para outros que passam por problemas. Vai na raiz da depressão, que às vezes nem elas sabem qual é, mas Tu, Jesus, sabes todas as coisas. Tudo é possível Naquele que Tu fortaleces. Meu Deus, eu, como teu sacerdote, pela fé peço para que a efusão do batismo no Espírito Santo aconteça na vida destas pessoas; no poder do teu Espírito, Jesus, estas vidas sejam curadas e libertas de toda tristeza, de toda falta de vontade de viver e de toda visão em branco e preto. Dá colorido a elas; dá ânimo e alegria de viver. Dá sede e fome pelas coisas do Alto: vontade de ir à igreja, vontade de rezar e ler a Bíblia. Dá um novo estilo de vida para estas pessoas colocarem o Senhor Jesus no centro da vida delas. Que elas busquem em primeiro lugar as coisas de Deus, e tudo o mais será acrescentado a elas.
>
> Eu peço tudo isso no teu nome poderoso, Jesus. Amém.

Capítulo final

Batismo no Espírito Santo

Quero recordar uma história que muitos escutaram quando eram crianças: o conto dos três porquinhos. Eram três pequenos porcos que queriam morar sozinhos, e sua mãe disse para eles tomarem cuidado com o lobo mau. O primeiro porquinho queria brincar, então construiu uma casa rápida com palha. O segundo porquinho também queria brincar e construiu uma casa de madeira. O terceiro porquinho era mais ajuizado, e construiu uma casa de tijolo, que demorou para ficar de pé.

Um dia, eles avistaram o lobo mau e cada um correu para a própria casa. O lobo viu a casa de palha, assoprou e esta veio abaixo. O porquinho correu para a casa do irmão. O lobo, então, foi para a casa de madeira e, assoprando, também a destruiu; os porquinhos fugiram para a casa do terceiro. O lobo ficou feliz, porque ia comer os três porquinhos. Mas, quando chegou à casa de tijolo, viu que não conseguiria destruí-la; então, foi entrar pela chaminé. Aí o porquinho ligou a lareira e o lobo fugiu correndo, e os porquinhos foram salvos.

Meus filhos amados, é uma história de criança, mas nos lembra a passagem da Bíblia em São Mateus 7,21,24-27:[120]

"Nem todo aquele que me diz: 'Senhor, Senhor', entrará no Reino dos Céus, mas o que põe em prática a vontade de meu Pai que está nos céus. Portanto, quem ouve estas minhas palavras e as põem em prática é como um homem prudente, que construiu sua casa sobre a rocha. Caiu a chuva, vieram as enchentes, os ventos deram contra a casa, mas a casa não caiu, porque estava construída sobre a rocha. Por outro lado, quem ouve estas minhas palavras e não as põe em prática é como um homem sem juízo, que construiu sua casa sobre a areia. Caiu a chuva, vieram as enchentes, os ventos sopraram e deram contra a casa, e a casa caiu, e sua ruína foi completa!"

E o que podemos aprender com isso?

Assim como o porquinho que construiu a casa de tijolos – tal qual aquele que construiu sobre a rocha –, alicerce sua vida nas Escrituras. Por isso, é tão importante ler a Palavra de Deus. Esses dois personagens foram fortes e sobreviveram às tribulações e à luta contra o lobo mau, que é o inimigo. Mas os que construíram suas casas na palha, na madeira e na areia, por preguiça ou por falta de sabedoria, não fundamentaram a vida na Palavra de Deus. Quando vêm as tempestades, tudo cai. O inimigo consegue destruir tudo tão rapidamente porque ali não há base na Palavra de Deus. **É a Palavra de Deus que afugenta o inimigo.**

Precisamos construir nossa casa, isto é, nossa vida e família, na Palavra de Deus, mesmo que dê trabalho, e isso requer investimento diário na leitura e meditação. Mas você verá que terá firmeza nas tempestades e dificuldades que a vida apresenta.

Há outra passagem na Bíblia em 1 Coríntios 3,9-15 que diz:[121]

"Nós somos operários com Deus. Vós, o campo de Deus, o edifício de Deus. Segundo a graça que Deus me deu, como sábio arquiteto lancei o fundamento, mas outro edifica sobre ele. Quanto ao fundamento, ninguém pode pôr outro diverso daquele que já foi posto: Jesus Cristo. Agora, se alguém edifica sobre este fundamento com ouro, ou com prata, ou com pedras preciosas, com madeira, ou com feno, ou com palha, a obra de cada um aparecerá. O dia (do julgamento) irá demonstrá-lo. Será descoberto pelo fogo; o fogo provará o que vale o trabalho de cada um. Se a construção resistir, o construtor receberá a recompensa. Se pegar fogo, arcará com os danos. Ele será salvo, porém passando de alguma maneira através do fogo."

Somos nós que escolhemos como vamos construir a nossa vida. Mesmo crendo no fundamento, que é Jesus, e muitos podem crer em Cristo, mas sem ter uma vida de intimidade com Ele. E essa intimidade é construída pela oração e pela Palavra de Deus. Então, quando passam pelo fogo, nem todos são aprovados.

Assim como nos nossos pensamentos – nos tópicos anteriores falei dos medos, das ansiedades, dos maus pensamentos, das angústias, das mágoas, das raivas, das invejas e da depressão – que vêm para perturbar a nossa saúde mental, tentei expor o que veio ao meu coração para combater esses tormentos que muitas vezes nos abatem e retiram nossa paz.

Quero finalizar este livro dando um remédio eficaz. Vocês podem me perguntar: "Padre Marcelo, como ter uma vida de oração e de leitura da Palavra de uma maneira eficaz?", e eu, com toda a certeza, respondo. Com as nossas forças é difícil, porque somos inconstantes, falhos, fracos e pequenos. Por nós mesmos, nada podemos. Podemos recordar que os apóstolos fugiram quando prenderam Jesus, e quando o Salvador foi morto, eles até se esconderam, com medo dos doutores da lei. Mas quando Jesus apareceu e prometeu a vinda do Espírito Santo, e em Pentecostes receberam o batismo no Espírito Santo, eles se tornaram pessoas corajosas e destemidas. Então esta é minha resposta à pergunta anterior: para termos uma vida de intimidade com Jesus através da oração e das Escrituras, precisamos ser batizados no Espírito Santo.

Sei que pelo sacramento do batismo nós recebemos o Espírito Santo, e pelo sacramento do Crisma é confirmado o Espírito Santo em nós. Mas é preciso que a gente descubra que o batismo no Espírito Santo é quando você não somente possui o Espírito Santo, mas se deixa possuir por Ele.

Você desiste de querer fazer a tua vontade e entrega toda a tua vida, todos os cantos e recantos do teu ser ao total controle do Espírito Santo, para

Ele te possuir por completo. Você morre para seu eu, para seu egoísmo, para suas ambições, e deixa-se ser impregnado pelo amor de Deus.

É a coisa mais libertadora que existe. Já vi viciados nunca mais voltarem às drogas por causa do batismo no Espírito, vi pessoas serem totalmente transformadas quando isso acontece. Um dos sinais de que alguém foi batizado no Espírito é o amor à oração, à Palavra de Deus e a sede por Deus.

A pessoa passa a querer mais de Deus. Ela deixa a vida passada de pecado para uma vida nova. E isso também acontece com nossos pensamentos. Passamos a querer investir em coisas de Deus, livros de santos, livros cristãos, músicas de louvor, na Palavra de Deus... assim, o próprio Espírito Santo que está em nós tem livre acesso para operar em nossos pensamentos, transformando-os para o bem.

E como diz o refrão desta música da Eliane Ribeiro, "Livre acesso":[122]

"Eu abro as portas do meu coração
Te dou livre acesso, Senhor
Eu abro as portas do meu coração
Te dou livre acesso"

Nós damos livre acesso a Jesus a toda a nossa vida por meio do Espírito Santo de Deus. Ele promove uma revolução boa em todo o nosso ser. Sou testemunha disso não só nos meus trinta anos de sacerdócio, mas desde cedo. Quando meus pais foram transformados pelo batismo no Espírito Santo, em 1971, tudo na vida deles mudou. Eu sempre frequentei o grupo de oração, e vi milagres, transformações de vidas.

Quando retornei, depois de um tempo longe da vontade de Deus para mim, novamente vi o Senhor operar milagres na vida de muitas pessoas. Vi muitos sendo curados de síndrome do pânico, ansiedades, depressão. Podemos até, por uma razão ou outra, passar por esses problemas, mas o Espírito Santo nos faz sair deles mais fortes e renovados. "Até os jovens se cansam, e os moços tropeçam e caem; mas os que confiam no Senhor recebem sempre novas forças. Voam nas alturas como águias, correm e não perdem as forças, andam e não se cansam" (Isaías 40, 30-31).[123]

E é neste batismo no Espírito Santo que você superará os seus medos, assim como os apóstolos os superaram. Superará a ansiedade, a angústia, os maus pensamentos. Superará os rancores, as invejas e sairá da depressão.

Faça esta experiência. Peça nas suas orações todos os dias: "Vem, Espírito Santo, vem me possuir". Eu, mesmo tendo sido batizado no Espírito Santo, tenho que renovar todos os dias esse pedido, porque não posso deixar o meu eu, as minhas vontades prevalecerem. Como disse, tenho que me deixar ser possuído e usado pelo Espírito Santo, então é algo que devemos renovar todos os dias.

O batismo no Espírito Santo é para todo mundo, não só para os santos. Se você ler Atos dos Apóstolos, verá que o Espírito Santo era derramado em todos os que abriam o coração.

Creia. Você vai receber o Espírito Santo não porque você é bom; Deus derrama o Espírito Santo para todos, bons e maus, porque Deus é bom. E o batismo não é sentimento. Por vezes, pode ser que você não sinta nada, mas você verá os frutos de Deus em sua vida.

Apenas entregue-se totalmente a Deus. O querer de Deus em sua vida vai te levantar da depressão, tirar seus maus pensamentos. Nós não sabemos a causa da depressão, das nossas invejas, rancores etc., mas Deus sabe e vai na raiz de todo o mal, e, pelo poder do Espírito Santo, tudo se transforma.

A igreja nos ensina esta oração:

"Vinde Espírito Santo, enchei os corações dos Vossos fiéis

E acendei neles o fogo do Vosso amor.

Enviai o Vosso Espírito e tudo será criado. E renovareis a face da terra".

Oremos: Ó Deus que instruístes os corações dos Vossos fiéis com a luz do Espírito Santo, fazei com que apreciemos retamente todas as coisas segundo o mesmo Espírito e gozemos sempre de suas consolações.

Por Cristo Senhor nosso, amém.

Essa oração pode ser feita quando você se levantar ou começar a ler as Escrituras, ou pode ser uma oração espontânea, vinda do coração, clamando ao Espírito Santo para te ajudar a entender as Escrituras, para conduzir seus passos, para iluminar seus pensamentos.

O Espírito Santo é o espírito da verdade, Ele nos mostrará o que é certo. Precisamos diariamente pedir um rebatismo no Espírito Santo de Deus, para nos deixar totalmente nas mãos do Senhor, sem impedimentos. É essa a razão para esse pedir constante do batismo no Espírito.

Rezo por você, abra seu coração e receba a graça de Deus.

Pai, em nome de teu filho Jesus, tomando posse da promessa que o teu filho fez para nós, de que seríamos cheios do Espírito Santo, eu peço por esta pessoa que está lendo este livro, que o Senhor batize esta pessoa totalmente no Espírito Santo. Que ela seja possuída pelo teu Espírito, e a vida dela toda mude. Dá a ela sede de orar, dá um amor profundo e verdadeiro pelas Escrituras, dá uma fome pelas coisas do céu. Que os pensamentos dela possam ser totalmente renovados pelas Escrituras, e que toda ansiedade, medos, angústias, depressão, maus pensamentos, mágoas, ressentimentos, raivas, inveja saiam completamente desta pessoa. E preenche com o teu Espírito Santo cada célula, cada parte da vida dela. Que a mente dela, os lobos cerebrais, o cérebro seja enchido pelo poder do teu Espírito. Que a paz e o equilíbrio reinem na mente e nos pensamentos desta pessoa. Tudo isso eu peço no nome poderoso do teu filho Jesus. Que esta pessoa possa ter uma paz, segurança, amor que nunca teve antes. Sê batizado no Espírito Santo, meu irmão, minha irmã, receba o sopro do Espírito Santo, o Ruah de Deus, e sê liberto de todo o mal e plenificado de uma torrente do Espírito Santo em você. Tudo isso eu peço no poderoso nome de Jesus, que, antes que você tivesse nascido, Ele já sonhou para você. E, como sacerdote, selo sua mente e sua vida, e confirmo o batismo no Espírito Santo, em nome do Pai, do Filho, e do Espírito Santo. Amém.

Creia, graças acontecerão em sua vida, porque Deus cumpre o que promete.

"Céus e terras passarão, mas minhas palavras nunca passarão, diz o Senhor" (Mateus 24,35).[124]

Que pelo batismo no Espírito Santo você tenha a saúde mental que tanto almeja, porque o Espírito Santo nos dá fome e sede das Escrituras. E, com a oração, você tem os instrumentos para se manter equilibrado e saudável. Que depois desta leitura e oração, você comece a viver uma vida nova, plena na certeza de que cada passo que você dá é guiado pelo Espírito Santo. Por isso, diariamente, invista seu tempo para ter intimidade com Deus através da oração e da leitura das Escrituras.

Deus te abençoe,
padre Marcelo Rossi.

Homenagem a meu pai, Antônio Roberto Rossi

Meu pai, que tanto me ajudou no Santuário, nos momentos de lazer, gostava de ver futebol e séries de TV. Na época da pandemia, assistimos a muitos juntos, e a série a que meu pai gostava de assistir era *Texas Ranger*. O ator usava um tipo de chapéu. Sempre que vejo esse chapéu, logo penso no meu pai. Creio que ele está na glória de Deus, mas a saudade é grande. Tenho boas recordações com ele, e quis prestar esta homenagem, porque só deixa amor quem foi amor. Pai, eu te amo, receba esta simples homenagem para agradecer por tudo o que o senhor fez por mim. Eterna gratidão. Até um dia no paraíso, onde estaremos juntos com o nosso tudo: Deus.

Notas

1. BÍBLIA. São Mateus. *In*: Bíblia Sagrada. Tradução: João Ferreira de Almeida. São Paulo: Editora Ave-Maria, 2023.

2. LAHAYE, T. *O temperamento controlado pelo Espírito Santo*. São Paulo: Edições Loyola, 1974.

3. BÍBLIA. São Tiago. *In*: Bíblia Sagrada. Tradução: João Ferreira de Almeida. São Paulo: Editora Ave-Maria, 2023.

4. BÍBLIA. Provérbios. *In*: Bíblia Sagrada nova tradução na linguagem de hoje. Barueri: Sociedade Bíblica do Brasil, 2019.

5. BÍBLIA. São João. *In*: Bíblia Sagrada. Tradução: João Ferreira de Almeida. São Paulo: Editora Ave-Maria, 2023.

6. SAÚDE mental. *Gov.br*. Disponível em: https://www.gov.br/saude/pt-br/assuntos/saude-de-a-a-z/s/saude-mental. Acesso em: 27 jan. 2025.

7   COLE, A.; OVWIGHO, P. Engajamento com a Bíblia e comportamento social: como familiaridade e frequência de o contato com a Bíblia afeta o comportamento de alguém. EUA: CBE, 2009. Disponível em: https://www.cruzazul.org.br/pesquisa-comprova-a-leitura-da-biblica-como-fator-de-protecao-ao-uso-de-alcool-e-outras-drogas/. Acesso em: 27 jan. 2025.

8   MENDONÇA, G. M. Impulsos e estímulos cerebrais na oração. *Caderno Discente*, v. 6, n. 1, 2022.

9   BÍBLIA. Isaías. *In*: Bíblia Sagrada. Tradução: João Ferreira de Almeida. São Paulo: Editora Ave-Maria, 2023.

10 BÍBLIA. Gálatas. *In*: Bíblia Sagrada nova tradução na linguagem de hoje. Barueri: Sociedade Bíblica do Brasil, 2019.

11 MEDO. *In*: DICIONÁRIO Priberam da Língua Portuguesa. Lisboa: Priberam, 2022. Disponível em: https://dicionario.priberam.org/medo. Acesso em: 27 jan. 2024.

12 Gênesis 20.

13 BÍBLIA. Gênesis. *In*: Bíblia Sagrada. Tradução: João Ferreira de Almeida. São Paulo: Editora Ave-Maria, 2023.

14 SWINDOLL, C. *Moisés*: um homem dedicado e generoso. São Paulo: Mundo Cristão, 2000.

15 BÍBLIA. Salmos. *In*: Bíblia Sagrada: nova versão internacional. Rio de Janeiro: Thomas Nelson Brasil, 2018.

16 BÍBLIA. Salmos. *In*: Bíblia Sagrada: Almeida revista e corrigida. Tradução: João Ferreira de Almeida. Barueri: Sociedade Bíblica do Brasil, 2018.

17 BÍBLIA. Salmos. *In*: Bíblia Sagrada: nova Almeida atualizada. Tradução: João Ferreira de Almeida. Barueri: Sociedade Bíblica do Brasil, 2018.

18 *Ibidem.*

19 *Ibidem.*

20 *Ibidem.*

21 BÍBLIA. Isaías. *In*: Bíblia Sagrada: Almeida revista e corrigida. Tradução: João Ferreira de Almeida. Barueri: Sociedade Bíblica do Brasil, 2018.

22 BÍBLIA. Provérbios. *In*: Bíblia Sagrada: nova Almeida atualizada. Tradução: João Ferreira de Almeida. Barueri: Sociedade Bíblica do Brasil, 2018.

23 BÍBLIA. Deuteronômio. *In*: Bíblia Sagrada: nova Almeida atualizada. Tradução: João Ferreira de Almeida. Barueri: Sociedade Bíblica do Brasil, 2018.

24 *Ibidem*.

25 BÍBLIA. 1 João. *In*: Bíblia Sagrada: nova tradução na linguagem de hoje. Barueri: Sociedade Bíblica do Brasil, 2019.

26 BÍBLIA. 2 Timóteo. *In*: Bíblia Sagrada: nova tradução na linguagem de hoje. Barueri: Sociedade Bíblica do Brasil, 2019.

27 BÍBLIA. Mateus. *In*: Bíblia Sagrada: nova tradução na linguagem de hoje. Barueri: Sociedade Bíblica do Brasil, 2019.

28 BÍBLIA. Hebreus. *In*: Bíblia Sagrada: Almeida revista e corrigida. Tradução: João Ferreira de Almeida. Barueri: Sociedade Bíblica do Brasil, 2018.

29 ANSIEDADE. *In*: DICIONÁRIO Priberam da Língua Portuguesa. Lisboa: Priberam, 2022. Disponível em: https://dicionario.priberam.org/ansiedade. Acesso em: 28 jan. 2025.

30 HUFF, C. Media overload is hurting our mental health. Here are ways to manage headline stress. *APA*, 1 nov. 2022. Disponível em: https://www.apa.org/monitor/2022/11/strain-media-overload. Acesso em: 28 jan. 2025.

31 BÍBLIA. Romanos. *In*: Bíblia Sagrada: nova tradução na linguagem de hoje. Barueri: Sociedade Bíblica do Brasil, 2019.

32 BÍBLIA. São Mateus. *In*: Bíblia Sagrada. Tradução: João Ferreira de Almeida. São Paulo: Editora Ave-Maria, 2023.

33 BÍBLIA. Salmos. *In*: Bíblia Sagrada: nova tradução na linguagem de hoje. Barueri: Sociedade Bíblica do Brasil, 2019.

34 BÍBLIA. Sabedoria. *In*: Bíblia Sagrada. Tradução: João Ferreira de Almeida. São Paulo: Editora Ave-Maria, 2023.

35 BÍBLIA. São João. *In*: Bíblia Sagrada. Tradução: João Ferreira de Almeida. São Paulo: Editora Ave-Maria, 2023.

36 COMENTÁRIO do dia. Diocese de Blumenau, 5 nov. 2021. Disponível em: https://diocesede blumenau.org.br/bom-dia-evangelho-de-05-de-novembro-de-2021-juntemos-tesouros-eternos-sao-joao-maria-vianney-1786-1859-presbitero-cura-de-ars-pensamentos-escolhidos-do-santo-cura-dars/. Acesso em: 28 jan. 2025.

37 BÍBLIA. São João. *In*: Bíblia Sagrada. Tradução: João Ferreira de Almeida. São Paulo: Editora Ave-Maria, 2023.

38 BÍBLIA. 1 Pedro. *In*: Bíblia Sagrada: nova Almeida atualizada. Tradução: João Ferreira de Almeida. Barueri: Sociedade Bíblica do Brasil, 2018.

39 MAU. *In*: DICIONÁRIO Priberam da Língua Portuguesa. Lisboa: Priberam, 2022. Disponível em: dicionario.priberam.org/mau. Acesso em: 28 jan. 2025.

40 PENSAMENTO. *In*: DICIONÁRIO Priberam da Língua Portuguesa. Lisboa: Priberam, 2022. Disponível em: dicionario.priberam.org/pensamento. Acesso em: 28 jan. 2025.

41 BÍBLIA. Jeremias. *In*: Bíblia Sagrada: nova tradução na linguagem de hoje. Barueri: Sociedade Bíblica do Brasil, 2019.

42 BÍBLIA. Isaías. *In*: Bíblia Sagrada. Tradução: João Ferreira de Almeida. São Paulo: Editora Ave-Maria, 2023.

43 BÍBLIA. Sofonias. *In*: Bíblia Sagrada: nova Almeida atualizada. Tradução: João Ferreira de Almeida. Barueri: Sociedade Bíblica do Brasil, 2018.

44 BÍBLIA. Isaías. *In*: Bíblia Sagrada: nova Almeida atualizada. Tradução: João Ferreira de Almeida. Barueri: Sociedade Bíblica do Brasil, 2018.

45 BÍBLIA. Isaías. *In*: Bíblia Sagrada. Tradução: João Ferreira de Almeida. São Paulo: Editora Ave-Maria, 2023.

46 BÍBLIA. Isaías. *In*: Bíblia Sagrada: nova tradução na linguagem de hoje. Barueri: Sociedade Bíblica do Brasil, 2019.

47 BÍBLIA. Miquéias. *In*: Bíblia Sagrada: nova tradução na linguagem de hoje. Barueri: Sociedade Bíblica do Brasil, 2019.

48 BÍBLIA. Hebreus. *In*: Bíblia Sagrada: nova tradução na linguagem de hoje. Barueri: Sociedade Bíblica do Brasil, 2019.

49 *Ibidem*.

50 BÍBLIA. Jeremias. *In*: Bíblia Sagrada: nova Almeida atualizada. Tradução: João Ferreira de Almeida. Barueri: Sociedade Bíblica do Brasil, 2018.

51 BÍBLIA. 1 Pedro. *In*: Bíblia Sagrada: nova Almeida atualizada. Tradução: João Ferreira de Almeida. Barueri: Sociedade Bíblica do Brasil, 2018.

52 BÍBLIA. Filipenses. *In*: Bíblia Sagrada: nova Almeida atualizada. Tradução: João Ferreira de Almeida. Barueri: Sociedade Bíblica do Brasil, 2018.

53 BÍBLIA. Tiago. *In*: Bíblia Sagrada: nova Almeida atualizada. Tradução: João Ferreira de Almeida. Barueri: Sociedade Bíblica do Brasil, 2018.

54 BÍBLIA. Romanos. *In*: Bíblia Sagrada: nova Almeida atualizada. Tradução: João Ferreira de Almeida. Barueri: Sociedade Bíblica do Brasil, 2018.

55 BÍBLIA. Mateus. *In*: Bíblia Sagrada: nova Almeida atualizada. Tradução: João Ferreira de Almeida. Barueri: Sociedade Bíblica do Brasil, 2018.

56 BÍBLIA. Filipenses. *In*: Bíblia Sagrada: nova Almeida atualizada. Tradução: João Ferreira de Almeida. Barueri: Sociedade Bíblica do Brasil, 2018.

57 BÍBLIA. Apocalipse. *In*: Bíblia Sagrada: nova tradução na linguagem de hoje. Barueri: Sociedade Bíblica do Brasil, 2019.

58 BÍBLIA. 2 Coríntios. *In*: Bíblia Sagrada: nova tradução na linguagem de hoje. Barueri: Sociedade Bíblica do Brasil, 2019.

59 ANGÚSTIA. *In*: DICIONÁRIO Priberam da Língua Portuguesa. Lisboa: Priberam, 2022. Disponível em: dicionario.priberam.org/angústia. Acesso em: 29 jan. 2025.

60 BÍBLIA. Naum. *In*: Bíblia Sagrada: nova Almeida atualizada. Tradução: João Ferreira de Almeida. Barueri: Sociedade Bíblica do Brasil, 2018.

61 BÍBLIA. Provérbios. *In*: Bíblia Sagrada: nova Almeida atualizada. Tradução: João Ferreira de Almeida. Barueri: Sociedade Bíblica do Brasil, 2018.

62 BÍBLIA. 2 Coríntios. *In*: Bíblia Sagrada: nova Almeida atualizada. Tradução: João Ferreira de Almeida. Barueri: Sociedade Bíblica do Brasil, 2018.

63 *Ibidem*.

64 *Ibidem.*

65 BÍBLIA. Romanos. *In*: Bíblia Sagrada: nova Almeida atualizada. Tradução: João Ferreira de Almeida. Barueri: Sociedade Bíblica do Brasil, 2018.

66 BÍBLIA. Salmos. *In*: Bíblia Sagrada: nova Almeida atualizada. Tradução: João Ferreira de Almeida. Barueri: Sociedade Bíblica do Brasil, 2018.

67 BÍBLIA. Salmos. *In*: Bíblia Sagrada: nova tradução na linguagem de hoje. Barueri: Sociedade Bíblica do Brasil, 2019.

68 BÍBLIA. Salmos. *In*: Bíblia Sagrada: nova Almeida atualizada. Tradução: João Ferreira de Almeida. Barueri: Sociedade Bíblica do Brasil, 2018.

69 BÍBLIA. Salmos. *In*: Bíblia Sagrada: nova tradução na linguagem de hoje. Barueri: Sociedade Bíblica do Brasil, 2019.

70 BÍBLIA. Salmos. *In*: Bíblia Sagrada: nova Almeida atualizada. Tradução: João Ferreira de Almeida. Barueri: Sociedade Bíblica do Brasil, 2018.

71 *Ibidem.*

72 ABIB, J. *A Bíblia foi escrita para você.* São Paulo: Edições Loyola, 1979.

73 ABIB, J. *A Bíblia no meu dia a dia*. São Paulo: Editora Canção Nova, 2015.

74 BÍBLIA. Sabedoria. *In*: Bíblia Sagrada. Tradução: João Ferreira de Almeida. São Paulo: Editora Ave-Maria, 2023.

75 INVEJA. *In*: DICIONÁRIO Priberam da Língua Portuguesa. Lisboa: Priberam, 2022. Disponível em: dicionario.priberam.org/inveja. Acesso em: 29 jan. 2025.

76 BÍBLIA. Atos. *In*: Bíblia Sagrada: nova Almeida atualizada. Tradução: João Ferreira de Almeida. Barueri: Sociedade Bíblica do Brasil, 2018.

77 BÍBLIA. Filipenses. *In*: Bíblia Sagrada: nova Almeida atualizada. Tradução: João Ferreira de Almeida. Barueri: Sociedade Bíblica do Brasil, 2018.

78 *Ibidem*.

79 BÍBLIA. Êxodo. *In*: Bíblia Sagrada: nova Almeida atualizada. Tradução: João Ferreira de Almeida. Barueri: Sociedade Bíblica do Brasil, 2018.

80 BÍBLIA. Provérbios. *In*: Bíblia Sagrada: nova Almeida atualizada. Tradução: João Ferreira de Almeida. Barueri: Sociedade Bíblica do Brasil, 2018.

81 BÍBLIA. Eclesiastes. *In*: Bíblia Sagrada: nova Almeida atualizada. Tradução: João Ferreira de Almeida. Barueri: Sociedade Bíblica do Brasil, 2018.

82 BÍBLIA. Tiago. *In*: Bíblia Sagrada: nova Almeida atualizada. Tradução: João Ferreira de Almeida. Barueri: Sociedade Bíblica do Brasil, 2018.

83 *Ibidem*.

84 BÍBLIA. João. *In*: Bíblia Sagrada: Almeida revista e corrigida. Tradução: João Ferreira de Almeida. Barueri: Sociedade Bíblica do Brasil, 2018.

85 BÍBLIA. 1 João. *In*: Bíblia Sagrada: nova tradução na linguagem de hoje. Barueri: Sociedade Bíblica do Brasil, 2019.

86 MÁGOA. *In*: DICIONÁRIO Priberam da Língua Portuguesa. Lisboa: Priberam, 2022. Disponível em: dicionario.priberam.org/mágoa. Acesso em: 29 jan. 2025.

87 RESSENTIMENTO. *In*: DICIONÁRIO Priberam da Língua Portuguesa. Lisboa: Priberam, 2022. Disponível em: dicionario.priberam.org/ressentimento. Acesso em: 29 jan. 2025.

88 RAIVA. *In*: DICIONÁRIO Priberam da Língua Portuguesa. Lisboa: Priberam, 2022. Disponível em: dicionario.priberam.org/raiva. Acesso em: 29 jan. 2025.

89 BÍBLIA. Lucas. *In*: Bíblia Sagrada: nova tradução na linguagem de hoje. Barueri: Sociedade Bíblica do Brasil, 2019.

90 BÍBLIA. Romanos. *In*: Bíblia Sagrada: nova tradução na linguagem de hoje. Barueri: Sociedade Bíblica do Brasil, 2019.

91 ROSSI, M. *Amorização*: a cura do coração – um diário espiritual. São Paulo: Planeta, 2023.

92 BÍBLIA. Sabedoria. *In*: Bíblia Sagrada. Tradução: João Ferreira de Almeida. São Paulo: Editora Ave-Maria, 2023.

93 BÍBLIA. Mateus. *In*: Bíblia Sagrada: nova Almeida atualizada. Tradução: João Ferreira de Almeida. Barueri: Sociedade Bíblica do Brasil, 2018.

94 BÍBLIA. Mateus. *In*: Bíblia Sagrada: nova tradução na linguagem de hoje. Barueri: Sociedade Bíblica do Brasil, 2019.

95 BÍBLIA. Tiago. *In*: Bíblia Sagrada: nova Almeida atualizada. Tradução: João Ferreira de Almeida. Barueri: Sociedade Bíblica do Brasil, 2018.

96 BÍBLIA. Provérbios. *In*: Bíblia Sagrada: nova Almeida atualizada. Tradução: João Ferreira de Almeida. Barueri: Sociedade Bíblica do Brasil, 2018.

97 *Ibidem.*

98 *Ibidem.*

99 BÍBLIA. Gálatas. *In*: Bíblia Sagrada: nova Almeida atualizada. Tradução: João Ferreira de Almeida. Barueri: Sociedade Bíblica do Brasil, 2018.

100 DEPRESSÃO. *In*: DICIONÁRIO Priberam da Língua Portuguesa. Lisboa: Priberam, 2022. Disponível em: dicionario.priberam.org/depressão. Acesso em: 29 jan. 2025.

101 ROSSI, M. *Batismo de fogo*: conheça a força da superação divina. São Paulo: Planeta, 2020.

102 BÍBLIA. São Marcos. *In*: Bíblia Sagrada. Tradução: João Ferreira de Almeida. São Paulo: Editora Ave-Maria, 2023.

103 BÍBLIA. São João. *In*: Bíblia Sagrada. Tradução: João Ferreira de Almeida. São Paulo: Editora Ave-Maria, 2023.

104 BÍBLIA. Romanos. *In*: Bíblia King James Fiel 1611. Niterói: BV Books, 2023.

105 SELADOS pela palavra – Monsenhor Jonas Abib (10/10/98). 2019. Vídeo (46min22s). Publicado pelo canal: Canção Nova Play. Disponível em: https://www.youtube.com/watch?v=DJcYpI2jYHc. Acesso em: 30 jan. 2025.

106 BÍBLIA. Hebreus. *In*: Bíblia Sagrada: nova Almeida atualizada. Tradução: João Ferreira de Almeida. Barueri: Sociedade Bíblica do Brasil, 2018.

107 BÍBLIA. Provérbios. *In*: Bíblia Sagrada: Almeida revista e atualizada. Tradução: João Ferreira de Almeida. Barueri: Sociedade Bíblica do Brasil, 2021.

108 BÍBLIA. Mateus. *In*: Bíblia Sagrada: Almeida revista e corrigida. Tradução: João Ferreira de Almeida. Barueri: Sociedade Bíblica do Brasil, 2018.

109 BÍBLIA. Tiago. *In*: Bíblia Sagrada: Almeida revista e atualizada. Tradução: João Ferreira de Almeida. Barueri: Sociedade Bíblica do Brasil, 2021.

110 BÍBLIA. Deuteronômio. *In*: Bíblia Sagrada: nova Almeida atualizada. Tradução: João Ferreira de Almeida. Barueri: Sociedade Bíblica do Brasil, 2018.

111 BÍBLIA. Josué. *In*: Bíblia Sagrada: nova Almeida atualizada. Tradução: João Ferreira de Almeida. Barueri: Sociedade Bíblica do Brasil, 2018.

112 BÍBLIA. 2 Coríntios. *In*: Bíblia Sagrada: nova Almeida atualizada. Tradução: João Ferreira de Almeida. Barueri: Sociedade Bíblica do Brasil, 2018.

113 BÍBLIA. Romanos. *In*: Bíblia Sagrada: nova Almeida atualizada. Tradução: João Ferreira de Almeida. Barueri: Sociedade Bíblica do Brasil, 2018.

114 BÍBLIA. Isaías. *In*: Bíblia Sagrada: nova tradução na linguagem de hoje. Barueri: Sociedade Bíblica do Brasil, 2019.

115 BÍBLIA. Salmos. *In*: Bíblia Sagrada: nova Almeida atualizada. Tradução: João Ferreira de Almeida. Barueri: Sociedade Bíblica do Brasil, 2018.

116 BÍBLIA. Tiago. *In*: Bíblia Sagrada: nova Almeida atualizada. Tradução: João Ferreira de Almeida. Barueri: Sociedade Bíblica do Brasil, 2018.

117 BÍBLIA. Provérbios. *In*: Bíblia Sagrada: nova Almeida atualizada. Tradução: João Ferreira de Almeida. Barueri: Sociedade Bíblica do Brasil, 2018.

118 BÍBLIA. Isaías. *In*: Bíblia Sagrada: nova tradução na linguagem de hoje. Barueri: Sociedade Bíblica do Brasil, 2019.

119 *Ibidem*.

120 DUARTE, M. *Dia a dia com o Evangelho 2017*: texto e comentário ano A – São Mateus. São Paulo: Paulus, 2016.

121 BÍBLIA. 1 Coríntios. *In*: Bíblia Sagrada. Tradução: João Ferreira de Almeida. São Paulo: Editora Ave-Maria, 2023.

122 LIVRE acesso. Intérprete: Eliane Ribeiro. *In*: ESPERA no Senhor. São Paulo: Canção Nova, 2006.

123 BÍBLIA. Isaías. *In*: Bíblia Sagrada: Almeida revista e atualizada. Tradução: João Ferreira de Almeida. Barueri: Sociedade Bíblica do Brasil, 2021.

124 BÍBLIA. Mateus. *In*: Bíblia Sagrada: nova versão internacional. Rio de Janeiro: Thomas Nelson Brasil, 2018.

Acreditamos nos livros

Este livro foi composto em Kandal e
impresso pela gráfica Santa Marta para a Editora
Planeta do Brasil em julho de 2025.